輪椅異國婚姻

之心路歷程

吳真儀 ◆ 著

感謝父母賦予我生命，
是老天爺決定了我身體的
缺陷，那並非您們所能改
變的，我沒有絲毫的埋
怨，卻有著無限的感恩。

（上）染金髮時的我
（中）到日本後的我
（下）到日本研修之前的我
可以看出我的改變與成長。

我的滑雪照，坐著滑，很特別吧！

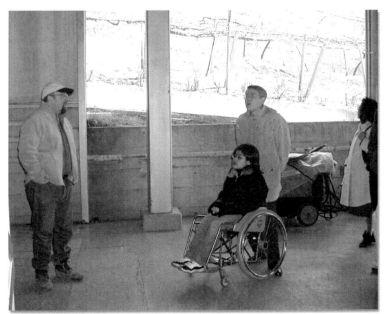

日本日光考察記。

日本環球影城無障礙空間考察一遊。

國際身心障礙朋友大會，我坐在輪椅上，大家有沒有注意到，小孩的媽媽是用雙腳抱那小孩，因為媽媽是身障者，沒有雙手。

日本的長輩們，為我未來的婚姻舉辦的祝福飯局。

結婚典禮前請雙方親戚喝的櫻花茶。

婚禮儀式前的彩排。

前來參與婚禮的客人齊唱祝福之歌。

前來參加婚禮之長輩。

離開會場。

向前來參加婚禮的朋友們道謝。

目錄

9

前言

本書分成兩個部份：

第一部份：出生即患先天性髖關節脫臼，我想那是老天爺送給我最好的禮物，因為它帶給我不同的人生際遇，因為它讓我有很多不同的人生機緣，因為它的關係我常常得到意想不到的機會，因為那些機會都是只限於身心障礙者的，所以換個角度，因為它讓我的人生更加的豐富，那也許是老天爺對我人生特別的待遇、特別的安排。一路走來我秉持著不埋怨而相反的要感恩的信念，當然只靠我一個人是無法走過那般的風風雨雨，這一路扶持我、照顧我的人數不清，他們無條件的付出，我要透過此書向他們表達出我對他們的謝意，並透過此書向我的父母報告我近來生活的點點滴滴，請他們放心。

第二部份：我要和身心障礙的朋友們及他們的家長們分享我成長的歷程，給大家信心勇氣往前衝，身心障礙的朋友們並不是沒有用處，而是還沒有找到適合自己的一條路，而尋找的過程，難免會遇到挫折，甚至可以說遇到挫折是絕對的，有些人就此意志消沈，有些人就因此自暴自棄，那是多麼可惜的一件事。常常有人認為我是運氣好，做什麼事都會遇到貴人，做什麼事都可以成功，然而其實在遇到貴人之前，我也是一次又一次的跌倒，灰心了一陣子，才又站起來，而站起來不一會兒，又被另一個挫折

打敗了，這就是人生，您和我都一樣，沒有誰是特別的，所以遇到什麼困難都不要氣餒，只要堅持下去，就會走到目的地。當我遇到困境時，我的父母總會輔導我，支持我，透過此書我要鼓勵身心障礙朋友們勇敢去面對自己的人生，因為身體有缺陷是一個不能再改變的事實，如同我小時候也看過無數的醫生，但是就是無法醫好我脫臼的雙腳，後來我轉了個心境，身體的缺陷不能改變，而能改變的是自己對人生的態度及積極面對的勇氣，也許這之間會經歷很多的困苦及挫折，但是不去試試，永遠不知道什麼是困苦？什麼是甘甜？勇敢的去嘗試，勇敢的活出出色的自己。

我出生即患先天性髖關節脫臼，我想一定很少人知道這個名詞，簡單的向大家介紹一下何謂先天性髖關節脫臼：（聯經出版：《勁妹起步跑》一書也有提及）

髖關節是由骨盆骨上像碗一般的髖臼及大腿骨上端像球般的股骨頭相結合成的關節，它的穩定性有賴於髖臼的發育狀態，倘若發育良好變成一個很深的碗則可牢固的套住股骨頭，但是如果發育不良變成一個很淺的碟子，則股骨頭就慢慢地滑出漸漸變成脫臼，因此現在先天性髖關節脫臼已改稱為「發育性」髖關節脫臼，換言之，即是大部份的髖關節脫臼，在出生時尚未脫臼，而是由於髖臼發育不良而逐漸變成脫臼（以上是參考高醫骨科 田英俊醫師的資料）。

我的兩腳脫臼的相當的平均，所以幾乎沒有長短腳（現在兩腳有約二公分的不同），平常不能連續使用雙腳活動太久，超過了雙腳能負荷的程度，雙腳就會感到極度

疼痛而無法再走行，會產生這樣的原因是因為我的髖骨並沒有在骨盤內而在外面活動著，相互磨擦而疼痛發炎，從外表看起來走起路來像極了一隻小企鵝，為什麼是小隻的呢？因為我長得矮矮的，而為什麼是企鵝，因為我走起路來的模樣像極了一隻企鵝。

　　老天爺給我這樣的外表，我就以這樣的外表來發揮自己的才能，心懷感恩。

輪椅旅遊記。

一段感恩的情

　　二年前，一個偶然的機會，在異國（日本）認識了他，雖然我倆不再聯絡了，留在我心中，對他的那份感謝從來沒有間斷過，我常在想，是不是他改變了我，但是，那份情，也許恩情多於愛情，出生即患先天性髖關節脫臼的我，在異國的那段時期，天意讓我從可以靠著自己的雙腳搖搖擺擺不穩走動，變成為完全必須要倚賴輪椅生活的日子生活，雖然一路走來我都很堅強，但是忽然間，我有些不能適應，而他奇蹟似的出現也默默的離開，他說：他的功能只是要讓我再度站起來，勇敢的面對人生，我很快就站起來了，對他卻有著無限的感恩及懷念。那看似冷漠，卻極關心照顧我的他，找遍了骨科名醫師，而我拒絕了他的好意，他連哄帶騙的告訴我，要去看海，卻來到在海邊附近的醫院，我沒有選擇的餘地，他推著我的輪椅進去檢查，醫生說，請我馬上到復健室做復健，我馬上拒絕了，最後，他陪著我，一個步驟，一個步驟一步一步完成復健，每天，睡前必會接到他打來的電話，他總是打來詢問腳的復原情況，以及督促我別忘了做復健，有時我偷懶，他竟在電話的那頭喊起一、二、三，和我一起復健，也許，老天爺為了報答他的苦心，在二個月後，我的腳終於又站起來了。

　　而在我站起來那天以後，有好一陣子，他不再關心

15

我，忽然間，我覺得有好大的失落感，難道，我喜歡他嗎？但是，由於過去失敗的愛情經驗，我不再相信自己，我不相信自己有人喜歡，那時的我，對自己極度沒有自信心，直到我生日的當天，他出現在我家的門口，但是，他不改冷漠的態度及表情，問了我一聲，最近好嗎？那天，我們一同到富士山，他對著富士山說：「希望有天，天真的真儀的腳可以好起來」，這時他牽著我的手，我內心非常的感動，已分不清是恩情還是愛情，淚水不由自主的流了下來，我一生有個外人願意這樣為我付出。向大家說明一下，日本最高的山是富士山，日本人都認為在這座高山內一定是有神住在裡面。所以向富士山祈求，若神聽到了，有可能會夢想成真。

由於復健，真儀再度站起來，起初仍要依靠枴杖，剛開始，我會害怕別人的眼光，而他也買了一支枴杖，只要有一起出門的機會，我們倆人都拿著枴杖，一個是四肢健全的人，他說他的枴杖是用來趕走以異樣眼光看我的人，久而久之，真儀習慣了所有的輔具，不論是使用輪椅，或是使用枴杖，我的生日過了幾天，他又離開我的生活圈，

他第一次來台灣（攝於高雄旗津渡輪）。

從朋友口中得知，他其實很疼惜我，但是他要讓我知道，人要學著長大。

有天，下著大雪，當晚感冒發高燒，我不抱任何希望

的寫了封E-mail給他，三個小時後，電鈴聲響起，打開門是他（這不是戲劇，是真真實實的），一個大男生，在廚房炒起菜來，他幫我作了隔天早上及中午的便當。

而每每我要向他說聲謝謝時，他總是刻意的岔開話題，而我始終不知道，為什麼他要如此默默的照顧我。他的一舉一動，永遠深深刻在我心。

我回國的當天，他沒有出現在機場，台灣SARS還在繼續漫延中的那段期間，他捎來了一封信，他問我2003年七月三日，在東京成田國際機場，我是不是穿紅色外套，藍色牛仔褲，我心想，他是不是有到機場送我，只是沒有開口叫我，而當我捎了信問他時，得到的回答是，那是你最常穿的那件紅色外套，我心中頓時感到很溫暖。他撒了個謊，那紅色外套是我新買的，七月三日那天是第一次穿，然而也不知他是撒謊，或是記性不好。

我心中永遠相信，七月三日那天，他和我同時出現在東京成田機場。也許他就像我的影子，一直跟隨著我，講到這裡，我又有另一個猜測，2003年的聖誕節，我人在台灣，在2003年的七月十日，我收到一份從日本寄來的禮物，只寫了聖誕節快樂，而並沒有屬名，而那份禮物又離聖誕節太遠了。我一直猜是他，但是因為我日本的朋友很多，所以我也不敢確定就是他，然而那張卡片上印著成田國際空港郵局的郵戳，2003年7月3日，難道……，對我而言，也許永遠將會是個謎。有天，輾轉從朋友口中得知，他對我有份特殊又說不出來的情，那是種熟悉的感覺，卻不知是不是愛情，但是他不願我在異國困境中，一個人掙

扎著，所以挺身而出。

到現在，一切都結束了，我仍分不出，那是親情、恩情，或是愛情。就當我是自作多情，把那份結合了親情、恩情、友情的情當成愛情，在這段情路上，我找到了自信，原本個性剛強的我，學會了在該偽裝軟弱時軟弱，在該溫柔時溫柔。

我對愛情下了個定義，愛情不一定要有承諾，愛情不一定要有結果，那曾經擁有的是最美的，那曾經的回憶不會因為時間而淡去，相反的，卻因為時間而更加濃厚。

他和我，我倆雖屬不同國家之人，我仍誠心誠意的祝福他，有天找到好老婆。而我，也會以他為標準，在人生的路上，在生命的某個角落，期望找到他的影子。

我永遠感謝他，那段人生中最困苦的時光，他偶然的出現，點亮我的生命，讓我人生變得好精彩，永遠祝福他。

然而，人生的大轉折，當我認為這段情已經結束的同時，他出現在台灣，也許是緣，成就了我倆現在的姻緣，他大聲的說：「我愛妳，嫁給我好嗎？」

而此同時我卻是哈哈大笑，一個總是冷漠又看似沒有感情的人，會說出這樣一句浪漫的話，我覺得很有趣，所以一直哈哈大笑，一直到他生氣了我才停止。

自己選擇的人生路

　　也許老天爺是公平的，當你正埋怨祂給您一條崎嶇不平的路，讓你人生走得不順暢的同時，祂其實已經悄悄的在後面幫你鋪好一條柏油路，而過去那崎嶇不平的路是過程，是祂指引你，是祂要你成長，要你體驗和別人不同的人生而設計的，不了解祂的苦心的人，怨天尤人，了解祂苦心的人，努力的去克服眼前所面臨的困難，因為一路平平順順的人生將會失去鬥志，所以在迎向平坦之前勢必要經過曲曲折折，而我也是在懷疑祂的苦心中，半信半疑走過來的，事實證明了，自己的人生掌握在自己的手中。

　　一直默默的努力，當我心中正在想，我的努力到底有誰看到了？到底有誰願意給我機會，想著想著，老天爺似乎聽到我心中的聲音，給了我一個大禮物，而這個禮物卻也是改變我一生際遇的禮物，這禮物說大不大，說小不小，這禮物並不是白白的得到後就不用再努力，相反的我得到一個起點，而要跑到終點的路卻是靠自己的努力而來的。

滑雪記。

　　這個禮物到底是什麼呢？我要來告訴大家了，二年前，一個偶然的機會來到日本研修身心障礙福利，我本身也是輕度的身心障礙者，然而雖然是輕度的，在成長過程中，我也是辛苦的走過來，身體的疼痛可以以藥物來控制，但是心理的創傷，有時卻是永遠無法治癒。在此我不得不說，因為學校教育的失敗，從小我們並沒有學著去尊重身心障礙者，或是說弱勢族群，有的家長看到身心障礙者好似看到魔鬼般，禁止自己的子女和他們交往，雖然這不是我的親身經歷，卻是我親眼看到的。

　　類似的一個畫面，卻有著不同的作法，二年前我到日本研修殘障福利時，有一次一個年輕的媽媽帶著一個大約三歲的小男孩出門，在路上他們看到一個坐在輪椅上腦性麻痺患者，那三歲小男孩馬上抓著媽媽的裙子，哭了起來，他告訴媽媽，坐在輪椅上的人好恐怖，他的媽媽等他不哭了以後，叫他輕輕的摸一下那個他覺得很恐怖的人，那小孩很害怕，但是他聽媽媽的話，先是摸了他的輪椅一下，接著媽媽說，不是摸輪椅，摸摸那位叔叔，小男孩重複摸了輪椅幾次，他終於鼓起勇氣摸了那位叔叔，接著他告訴媽媽，一點也不恐怖。的確這是個很好的機會教育，而這位叔叔也幫這個小男孩上了一課，有時我在想，若那位叔叔心態不健全的話，他根本拔腿就跑。

　　身為身心障礙者的父母親，也許出發點為好意，為了不讓自己的子女被取笑，為了不讓自己的子女在婚姻生活中感到挫折，或是被欺負，通常都是給子女一個觀念，那就是不要靠別人養，我們自己努力，不要結婚，因為婚姻

生活並不適合身心障礙者，我也是在父母親這樣的觀念及教育下成長出來的。

然而，我卻堅持自己的想法，在我所知的範圍之內，人生只有一回，時光過了就無法再回頭，（也許在佛教的理念中，人生會再輪迴），我並不是不相信人生會再輪迴，而是我相信現在的我，只有這一刻，是以這樣的型態出現在這個地球上，輪迴後的我，也許是個非身心障礙者，那時我的人生將又和現在完全不同。

既然人生中以這樣一個型態出現可能只有一回，那麼年輕也就一樣只有一回了，而戀愛並不專屬於非身心障礙者的權利，所以在機會來時，我選擇戀愛，這之間我也遇到很多的挫折，對方家人單純因為我的缺陷而反對，對方抱著玩玩的心態，也是敷衍敷衍我，其間我也遇到浪漫的歐洲人，因為歐洲對我而言太遙遠，到過歐洲，環境是極優美，歐洲人也是極浪漫，但是我清楚自己並不適合生活在哪兒，那是一種感覺，感覺上總是少了一點親切感，但是和那歐洲男孩一個星期來的相處，卻為我人生添加了不少的回憶。

在上一章一段感恩的情有提及，和他的相識，從認識到熟悉到幾乎不聯絡到又相遇到走入婚姻，最初一直分不清那是愛情或是友情，或是我自作多情，而我想那是老天爺安排的一段過程，這過程讓我們更肯定的選擇了對方，我們倆會努力的經營這一段異國婚姻。

談起和他的認識要從2002年十二月的滑雪季談起，我來到了日本新潟附近的滑雪場，我遇到一個年紀大我約

二十歲的日本男生，而最後我決定嫁給他，我如何克服文化的差異，又我如何和他母親相處？都是我想要在書中和大家分享的。

有不少人在同時取笑我，更有不少人同時在心中劃了一個很大的問號，大家都認為我是遷就自己的缺陷，所以嫁給一個大自己那麼多歲的男生，就像在台灣大家娶外籍新娘般，大家都認為我就是這個日本人的外籍新娘，而同時大家也都懷疑這個日本男生是不是娶不到老婆才遷就娶我，太多的懷疑，太多的疑問，只因我身體小小的缺陷，所以大家對我沒有信心。甚至有人說，日本人怎麼會喜歡吳真儀，在此我有十足的信心說，日本的男生喜歡真儀的占多數，而且大家的條件都是很不錯的，因為大家並沒有從外表來衡量我，老實說我的外表也長得不錯，我的臉很清秀，我矮矮的身子和肥肥的蘿蔔腿其實也很可愛，我們整個社會給了我們不正確的觀念及教育，大家都認為皮膚白白的，身高高，腿修長，瘦才是美女，然而我卻覺得自信及有能力的人最美。

我要透過此書告訴大家，人生掌握在自己手上，自信的女人最美。把心胸放寬點，把視野擴大。人生的路沒有一定的規則，並沒有人規定二十四歲的女生一定要嫁給少於三十歲的男生，而人生的路是自己雙腳踏實的走出來的，我們不要被社會的規範綁死。

我的出生

　　二十四年前，隨著我的出生，帶給全家人卻是另一個新的考驗，雖然那時的社會已較五〇、六〇年代先進，人民的思想也不再如同古早時期的封閉，但是家有個身心障礙兒，不免有些人會私底下做一些沒有意義的批評，說那是我上輩子做的不好，老天爺處罰我等等的言論，而我的個性又是相當的好強，所以聽在我的耳中，我會非常的生氣，在未受教育之前，我是個非常直接的人，也就是我認為自己是對的的時候，我也不會寬恕別人，而我的父母就一直夾在中間，我的父母是屬於比較大愛型的人，他們比較不會在意別人無謂的批評，他們一直認為只要自己做好，將來大家就會信任我，父母親無法改變別人看我的眼光，但是他們卻可以改變我的思想及態度，而俗話說江山易改，本性難移，大家可以想像我的父母在我身上花了多少的心血，當我的父母真的很難，而他們做到了。

　　老天爺選中了我的父母，我想是因為老天爺認為

童年的照片，照片中的女孩是我。

他們可以勝任來照顧我，一路走來，我帶給家人的麻煩還不少，我如同一個成天專找家人麻煩的小孩，而今回想起來，沒有我的父母，就沒有今天的我，這一路走來，他們時時刻刻的叮嚀我，時時刻刻的糾正我的錯誤。

小時候，我的父親相當的嚴格，小至肢體語言的小小動作，他都會注意並且教導我，因為父親認為在小時候還沒有定型時，父母要盡到教導的義務，而到某一個年紀後，我就要自己管理自己，老實說，小時候我會覺得有壓力，因為不能像其它小孩一樣輕輕鬆鬆，而今我長大了，我終於了解父母的苦心，不知如何表示我的感謝之心，而我又害羞表達，所以希望可以透過此書來獻給我的父母，其實我心中對父母的愛也不比父母對我的愛少，常言樹欲靜而風不止，子欲養而親不在，我知道父母親老了終有一天會離開這個大家所熟識的世界，我不想要那時再來後悔沒有向父母表達出我對他們的愛，父母親恩重如山，不求回報，做子女的真是幸福啊！

我先天的小小缺陷可能是造成我童年時心理不平衡的原因，我總是想為什麼我和別人不一樣，別人可以快快樂樂的去遠足，而我卻因為腳不能走遠而無法去遠足，學齡前我本著霸道的個性，別人欺負我，我就一拳打過去，我是以芽還芽的人，我想從我的身上可以看出，人之初性本惡，記憶非常深刻，我的外公總是說，這小女孩如果沒有教好，將來長大一定不得了，而那不得了不是好事，卻可能是成天闖禍。而當初講這句話的外公，早在十多年前離開了人間，而當時小小年紀的我就決定將來長大要好好做

24

個有用的人。而今，我沒有變成壞小孩，我要感謝的人實在太多了，我想要透過這次的這本書，感謝多年來，一路陪著我成長的父母，及在我身旁支持我的長輩及親朋好友，也要感謝我現在的先生，因為有您們，才有今天的真儀。

我還沒有自己的小孩，然而有時候在大馬路上，看到正放學的學童們，隔著大馬路，一邊玩耍，一邊往著回家的路，我心中總是戰戰兢兢，擔心他們受傷，因為，我知道每個孩童都有一個家，家中父母親都正在等候他們，父母親的恩重如山，絕對不能讓父母親傷心難過，其實我小時候也是這樣成長過來的，小時候我也常在馬路上玩耍，而父母總是緊張的捏冷汗，而我卻自己覺得有趣，根本不管父母擔心的心情。長大後我常常會以父母親的角度來思考，此時我常常有個深深的感觸，父母難為，這時我又想起小時候我母親常說，等妳以後當媽媽就知道，媽媽不是這麼好當。

又談起身心障礙兒心理可能會比較不健全，這一點我有經驗，因為我也是這樣走過來的，當我看到同樣年紀的女孩長得又漂亮，穿什麼衣服都好看時，我就更加的沒有自信，而當我自己做不到時，我會很氣餒，而我的父母親在此時適時的導正我的觀念，若沒有父母的教導，我想我可能也會看到別人好就心理不是滋味，而我並不會，是要感謝我的父母，因為他們知道我先天上的不足，所以給了我後天上的補救，所以我的心理很健全，而心理健全生理就會更健康。

為什麼我會寫到身心障礙兒心理健全的這一段是因

為，二年前我認識一個小男生，他因為先天的疾病，從小就一直坐在輪椅上，而他的母親在他出生不久後就過世了，他是爸爸和兄弟姐妹照顧長大的，有一天他自己告訴我，他說：「其實我心胸很狹窄，因為我一直覺得這個世界對我不公平，我出生就是殘障，而老天爺又把愛我的母親帶走，所以現在我只要得到什麼，我都覺得那是老天爺要還我的，我不知道什麼是感恩。」。

　　以上和他的對話，我仍然印象非常的深刻，而他到現在心理還是無法平衡，我認為若在小時候把他的觀念導正，他將不會和現在一樣，永遠在原點打繞。

生活雜記

　　2004年五月十日是我決定要嫁給日本先生的日子，而2004年六月二十五日是我坐上飛機前往日本的日子，這天是我的父母及我的姑丈、姑姑送我到高雄小港機場的，辦完check in的手續後，離登機還有很長的一段時間，但是我請父母他們先回家，我一個人自己等待登機的時間就好，一個人等待的時候，我還一度懷疑自己的選擇到底會不會是錯誤的，因為我就要離開我的父母，嫁到別人家了，我可以習慣嗎？

　　但是又想想，其實這就是人生，每個人都是一樣的，小時候讀書，長大後就是要自己獨立的，沒有結婚的，也是要自己有經濟能力自己生存才是對的，而結婚的人理所當然是要為將組成的家庭而努力，大家都是一樣的，如同我的母親也是在二十多年前嫁給我的父親，兩個人一起努力組成現在的家庭，而今家庭的成員都長大了，父母也就在此刻要將重擔卸下了。

　　2004年六月二十五日是星期五，先生為了我請了兩天假（星期五及接下來的星期一），六月二十五日先生到東京成田機場接我，一直以來，我通常都是坐日本亞細亞航空，所以都會在東京成田國際機場的第二航廈降落，而此次我搭美國聯合航空，所以是在東京成田國際機場的第一航廈降落，由於上次他到機場來接我時，遲到了，那時

27

我隨口抱怨了幾句，這次他記住了，所以提早了半小時就到那兒候機，不料，一個人在第一航廈，一個人在第二航廈，一走出機場，我沒有看到他，馬上拿起公共電話，向他詢問，而已經等了一個半小時的他，在此同時，也用有些不悅的口氣問我：「妳到底在哪？」我早就到了，我說明了半天，我的日文他還是聽不懂，情急之下，我把在機場的一個男工作人員拉過來，並請那工作人員告訴先生，我人在哪兒？

　　他終於知道我人在第一航廈，在等待他來時，我心中一肚子氣，我這麼遠的從台灣來，你竟然是那種口氣，不料，十分鐘後，他抵達第一航廈竟然是嘻嘻哈哈的，我一句話也不說，因為正生氣中，當我生氣罵他時，他說，誤會啊！誤會啊！是因為他聽不到我的聲音才會那麼大聲，好吧，我就姑且相信他，饒了他一回。

婆婆正在滑雪。

　　我常常有機會到世界各地去旅行，而由於我不是當地的人，有時候會迷路，我提供一個個人的方法和大家分享，通常若是有人要來接我，而我們約的地點我怎麼樣就是找不到，我會直接打電話給對方（當地人），然後我會再請一個當地人和我一起到公共電話旁，請那位當地人向要來接我的當地人說明我現在人到底在哪兒？通常這樣我們都可以順利又快速的找到彼此，我個人覺得是一個很不錯的方法。

　　六月二十六日星期六，一大早，我們即和朋友去迪斯奈樂園，這是我第四次或是第五次到迪斯奈了，次數我自己也記不清楚，玩樂的時間，總是很快的過去，原本對人生，對生活的認知是，玩樂是人生一大快樂事，但是，慢慢的，我體會到，生活不是只有玩樂，生活是由很多瑣碎的事組成的，要做三餐，當然現在都還是婆婆一個人包辦，但是，總是免不了接受她的幾句嘮叨。

　　婆婆是從小種田種到大，所以她每天一起床的第一件事是到田裡去看看野菜及花朵， 六月二十七日，是我生平第一次種田，看到從泥土上跑出來的小蟲及蚯蚓，我竟然嚇到跳起來，先生說，這可是可貴的大自然，我也知道這是大自然的可貴，但是對我而言是人生的第一次經驗。

　　約黃昏時候，我們全家，三個人到大雄山去拜拜，婆婆說，祈求我早日找到工作，婆婆又說，祈求我的腳可以好起來（我罹有先天性髖關節脫臼），此時此刻，我感受到婆婆已經把我納入她們家的一份子了。

　　接著，我們全家去買鞋子，我和婆婆的關係，其實

是從非常不好到正常的，為什麼說從非常不好開始，第一次和婆婆見面時，是和男朋友（先生）及朋友們一起去滑雪時認識的，那時候，婆婆對我的二個成見及刻板的印象是，一、我是台灣人，二、我是身心障礙者。

她認為，如果她兒子娶了我，我一定是什麼事也不做，一定是什麼事都要她兒子來做，她認為，這樣子沒有娶比有娶來得好。因為沒有娶還沒有負擔，娶了以後連我的事都要交給她的兒子，她覺得這樣自己的兒子很可憐。

接下來，因為我和先生相差了將近二十歲，所以婆婆認為，我和先生的感情僅只是遊戲，婆婆認為，我不是真心的，婆婆認為我是因為年輕，年輕人有時只是一時的衝動，一時的衝動而結婚，很快就又會離婚了。

老實說，對於愛情及真心的定義，至今我仍無法明白的以言語來形容，交過兩、三個男朋友，有二個是外國人，最短的是將近一個月的瑞士人，接著是日本人，過去，對先生的理想是，不要抽煙，不要喝酒，浪漫又溫柔。但是生活是不能只講求浪漫的，而是要實際，因為社會是如此般的現實，每個人都要為了生存下去而努力打拼。

先生對事情負責任的態度，看在我眼裡，我知道，他將來會是個很負責任的丈夫，他包容了我身體上小小的缺陷，他只去欣賞我所擁有的特質，而去忽略我的缺點，所以，我也學會了睜一隻眼，閉一隻眼，因為，我知道，天底下沒有完美的人，而努力、盡力去做到自己的極限的人，才是最美的。

　　偶而，我會開玩笑的對先生說，日本漂亮女生好多喔，他卻回答我，我覺得妳已經超級漂亮了，即使，那是個謊言，也會是最美及最善意的謊言。

　　我現在的先生，幾乎沒有一項是符合我最原先的標準的，但是，我卻選擇了他，因為，他給我一個很安定的感覺，他給我有家的溫暖。

　　六月二十八日，星期一，是一切結婚手續的開始，我們是住在小田原市，而離家最近的是，台北駐日經濟文化辦事處橫濱分處，一大早，算好比較不會塞車的時間，我和先生兩人就出發了，抵達後，一切手續都很順利，我們在取得結婚具備條件證明書後，就趕回到小田原家附近的區公所，辦理結婚登記，又由於我是外國人，所以要辦外國人登錄證，一同辦理後，接著就是等待了，之後的手續還多的呢，我們倆個抱著，不要怕麻煩，一個難題來了，就解決一個，一個一個慢慢的解決，是的，天下無難事，只怕有心人，事情的規則及規範既然都是人去規範出來的，人就是會有去完成的能力。

　　接著，就是去購買我的一些基本生活必需品了，買手機，日本的手機的號碼共有十一個數字，我們倆個為了方便又好記，在十一個數字中，盡量讓數字可以一樣，所以我和先生的手機號碼的數字有七個是一樣的。

　　接著也是為將來在日本的生活而準備的，買日本語文學習書，此一舉動有兩個目的，一是為了和婆婆溝通，因為婆婆通常只說明一次，就不再說明第二次，另一個目的是，為了考日本語文能力測驗，雖然我在異鄉，一切都不

能那麼快進入狀況，但是總不能一輩子只靠先生養吧，我總是要一步一步成長茁壯，培養自己的實力，在一般人的印象中，日本人是很大男人主義的，在某些方面上，也許是，但是舉個例子，也許讀者會更容易了解。

日本的男生，喜歡什麼事都往自己身上揹，不論是好，是壞，是對，是錯，他們決定了，他們就認為自己是對的，即使是錯的，他們也都要去試一試，而後果，他們會自己承擔，身為女生的我認為，其實只要在自己可以接受的範圍之內，我都順先生的意思，而私底下，我想要做什麼，我想要買什麼，他其實也都順我的意思，這樣的生活，其實反而很自由自在。

六月二十九日，第一次感受到為人媳婦的困難，人不在當下的環境，是無法去體會的，加上，我在原生家庭是嬌嬌女，什麼事都不做的，今天婆婆教我煮麵，從來沒有做過家事的我，笨手又笨腳，加上，我嫁的是日本人，雖然婆婆知道我是台灣人，但是她並沒有放慢說日文的速度，她說我煮的麵看起來不好吃，哈哈哈，當然，她也沒有虐待我或對我不好。

到日本的前三天，因為有她兒子，我先生當靠山，先生放假，我就呼呼大睡到約上午九點半，通常下樓，婆婆都已經煮好了，我只要動口就可以吃了，老實說我吃起來會不好意思，但是那幾天我也許是還不習慣婚姻的生活，所以我即使已經起床了，我的身體卻覺得很疲乏爬不起來的感覺，好累。

有人問我，會不會太早結婚了？我想以年紀來說，再

加上現代的社會，也許是有點早，但是得依每個人的情況而定，也許我的年紀還太早，但是先生的年紀卻已經有點太晚了，所以要在兩個人之間取得平衡點。

2004年七月一日，過去在日本居住時，就有注意到了，今天出門時，才忽然想起，這可以和讀者們分享，在台灣，常常會有大卡車在轉彎時，因為會有死角，所以發生不少的交通事故。在日本，我發現很有趣的是，中型以上的貨車，只要要轉彎時，都會通知附近的人，車子由擴音器發出，車子要左轉了，車子要右轉了的告知聲，相當有趣。

第一次當人家的媳婦，先生和我相差近二十歲，所以他很疼我，也就是很寵我，先生不在家時，婆婆會告訴我說，我兒子娶到年輕的太太，所以他很高興，妳做錯事，他也都不太責備妳，他怕妳會跑掉，而他不管妳，只好我來教導妳了。

其實也並不像婆婆說的，先生在我做錯事時也是會責備我，只是表達的方式都很婉轉，先生都不會很嚴厲的指責我，因為我本身也是知錯能改的。

還記得，曾經聽說過一個故事，我心中一直有著非常深的感受，有個媽媽，兒子已經娶老婆，自己當了婆婆的，而她同時也是二個女兒的媽媽，有一天，大家在聊天時，這個婆婆開口了，我女兒們好好命，嫁給她老公，什麼都不用做，同時間，她又說了，我媳婦好懶惰，什麼都不做，都是我兒子在做，這好像前後文有些矛盾。

今天，利用下午二個小時左右的時間，稍微出門逛逛

街，我到家附近小田原市場去買一些自己喜歡吃的東西，也順道幫婆婆買了她吩咐的菜頭。

婆婆在煮菜時，我並沒有隨時都在旁邊看，有時我會做做自己的事，上上網找資料等等，只要我在忙，婆婆就不會要求我幫忙她。我知道婆婆煮的幾道很簡單的菜，就是把菜頭切成絲，淋上特殊的醬油，加上柴魚絲，雖然我不會煮飯，但是我總是要有小小的貢獻，所以天天都是我負責洗碗，我發現，洗碗時根本就不需要用洗碗精，因為一點都不會油，也許這就是日本人為什麼可以如此長壽及健康的原因吧，他們的菜好像都不會油膩。

2004年七月二日，婆婆告訴我一些做太太的原則，婆婆說，在浴室的肥皂，婆婆和我都要用小的，大的要留給先生。我可以理解婆婆為什麼會有這樣的說法，因為婆婆現年七十歲，她出生在日本很保守的年代，當初日本的女生是凡事要以夫為重，所以婆婆是在這樣的社會環境中成長的，所以她的觀念仍舊是守著過去的想法。

而我的先生的觀念就又不一樣了，先生認為男女都平等，當然在工作上，比較粗重的工作是由男生來負責，除止之外，生活的一些小小細節，先生認為只要過得輕鬆自在就好，所以先生不認為太太要用小的肥皂。

但是，當婆婆在教導這些觀念時，我都很用心的在聽，因為過去的習慣一定也有它的理由和原因，而到底要不要這樣做，決定權是在於我，所以並不必因為小小的事而起爭執。

先生家的自來水是來自於地下的井水，這井水一年四

季，不管天氣如何變化都是十五度，所以夏天時，會覺得這水又冰又涼，相對的冬天的日本，有時是下雪的零下幾度，這時井水還是維持十五度的衡溫，所以就會覺得這井水很溫暖。

我不是日本人，從我認識日文到我嫁進二宮先生家，我和日文只認識了二年多，瑣碎的生活細條，慢慢讓我覺得有點累，對於好笑的電視節目我竟然也麻痺了。

而有一天早上，我終於笑了出來，只要是假日，先生要出門，婆婆總會問：「要去哪兒？」因為先生平常都忙著工作，一早六點多就出門，回到家都快要深夜了，所以婆婆每天都在期待星期六、日可以和先生談談天。那天婆婆問先生要去哪兒時，我聽到先生的回答很妙，他說：「世界一週」，而婆婆也許沒有聽清楚，或是想要再確認一次自己有沒有聽錯，所以又問了一次，而此次先生回答的是：「日本一週」。

我問先生：「為什麼你不回答呢？」先生說，其實他也不知道目的地要去哪兒，他只是想要出去走一走，所以開著車逛一逛而已。

的確，先生真的是有點有趣，有一天我說想要去箱根走走，先生說早上會塞車，晚上等車子少一點再出發，晚上我們就出發了，一路上我知道一邊是山一邊是海，但是一片黑漆漆的，我什麼風景也沒有看到，反而半路我就開始睡了起來，真是好沒有意義的箱根之旅。

七月一日，再次依照婆婆的指示，我幫她煮麵，她有交待我，要拿筷子去拌一下，麵才不會黏在鍋底，因為我

很緊張，對於婆婆所說的每一句話，我一句也不敢馬虎，拿著筷子，拚命的拌，而結果麵還是黏在鍋底，我還是被訓了一頓。

婆婆最常對我說，我講的每一句話都請妳注意聽，而我不是不注意聽，而是我的日文程度還沒有那麼好，而婆婆只說一次就不再說第二次，她常常問我，妳還聽不懂日文啊，幾次，我都想要回答她，我不是天才，但是，想想算了。

因為我先生一大早就出門上班，晚晚才回來，所以一整天下來都是我和婆婆兩個人相處，我總是把婆婆一整天訓我的話，保留起來，晚上，等先生回家後，我就罵先生抵帳。當然，我並不是無理取鬧，而是適時的發洩我的情緒，先生也知道，所以都包容，這就是我們三個人的相處方式。

有一天，我請先生在回家途中買我最愛吃的草莓冰淇淋回來，當然他不能只買我的，也要買婆婆的，結果我婆婆一邊用很感動的表情一邊吃，而此時也不忘了削一下自己的兒子，婆婆對先生說我養你給十年，第一次吃到你主動買來的冰淇淋。

先生不是不幫忙家事，也並不是從來沒有買食物給媽媽吃，他們倆人為了此一小小事件而爭論，先生說：「我常常買好吃的回來給您吃」，婆婆就回答說：「我全都忘記了」。其實那是他們倆個人的溝通方式，他們常常都這樣耍嘴皮。

不知道大家知不知道日本的納豆，納豆的味道非常的

特別，不要說不是日本人，就連日本人都有不少人不敢吃
納豆，而我其實也不喜歡納豆的味道，但是我親愛的婆婆
很可愛，她都會先說有樣食物不知道妳敢不敢吃，但是那
很營養，又是我用心製作出來的，等會妳一定要吃喔。婆
婆沒有給我選擇的餘地，即使我說不敢吃，婆婆還是會一
直向我推銷，所以最後我還是不得不吃的。

　　婆婆住在一樓，我和先生住在二樓，二樓有個大冰
箱，那個大冰箱一直是我快樂的泉源，我每天到超級市場
時，就會買好多自己喜歡吃的零食，等家事都幫忙完了，
就是我快樂的時間了，我就會一邊吃零食，一邊看著那浪
漫的日劇。

　　七月四日我忽然心血來潮，雖然我在家裡從來沒有做
過菜，但是我總是有看過自己的媽媽在做水餃時的樣子，
買了包水餃的料，結果，我把買來的絞肉放到水裡洗，因
為我的直覺告訴我，要把要煮的食物材料洗乾淨，結果，
婆婆看到說果然是沒有做過家事的人，絞肉放到水裡洗都
已經散掉了，而且肉原有的香味也都跑掉了。婆婆要我下
次不要自作主張，先開口問一問，再動手去做。

生活的點點滴滴

　　我的先天性髖關節脫臼，對我而言，這是再小不過的缺陷了，有著自己的理想，在父母一邊叮嚀危險的同時，我靠自己腳的力量，偶而靠枴杖，甚至靠輪椅，走訪了歐洲、美洲及亞洲的幾個國家，世界各地都有朋友，也豐富了自己的人生。在父母擔心我無法應對自己所組的家庭生活的同時，我以願意為自己所做的決定負責的同時，我嫁給了大我很多歲的日本男友。小時候的我的確帶給父母不少的麻煩，然而漸漸長大後，我如同長硬翅膀的大鳥，遠走高飛，不管遇到什麼困難，我都不再開口向父母求救了。

　　因為我的每一個決定都是以自己負責為前提，所以我的壓力就又特別大了，而每個困難我都咬緊牙關自己撐過來了。人生是自己的，站在父母保護子女的觀念下，有風險的事通常子女都在還沒有碰到時就被父母親的大手擋住了，加上整個社會的組態及教育還沒有給身心障礙者太多的機會的同時，若不憑著自己的判斷力，碰碰撞撞走出自己的一條路，到頭來辛苦的還是自己，因為最終父母親會離開，我永遠相信靠山山會倒、靠父母父母會老、靠自己最好。

　　今年二十三歲的我，在短短的二十三年中，跨過了一個困難，就又接著另一個挫折，若問我，希不希望可以過

平順點的生活？我也不知道如何回答，因為自己也分不清
了，若一路平平順順，可能又有些無趣沒有回憶。

　　在我決定嫁給大我很多歲的日本男友的同一年，大約
相同的時間，我的一位日本女性友人也結婚了，她的父母
在現在還有能力時，對她是百般的呵護，風來了幫她建圍
牆，雨來了幫她蓋房子，餓了餵她吃，貧困了給她金錢，
而婆家的人因為她有背景做後頓，也不敢太管她，相同的
年紀，我卻有著極不相同的生活處境，由於國情的不同，
加上婆婆起初並不滿意有我這個媳婦，而她反對的理由都
是不能改變的事實，第一是，她希望她的媳婦是日本人；
第二是，她希望我是非身心障礙者，然而這兩點都是不可
能改變的事實，但是再苦都是我的選擇，我只有往前看。

沖繩旅行

　　我選擇了異國婚姻，所以我的退路相對的變少了，風雨來了的時候，通常先生都還在公司，為了生活養家，要工作，而工作的同時，就會產生工作壓力，我要擋風擋雨，也要分擔先生工作的壓力，而分擔壓力並不代表我可以幫他工作，而是，若要整個家庭和諧，就要運用智慧，在這同時，我的婆婆有時會給我出難題，其實是因為我們的溝通不良所造成的，而我又必須在不失尊敬及禮貌的情況下去應對。因為雙腳脫臼的關係，我無法走太遠，而婆婆卻很愛爬山，我們一家出去旅行時，她常會說：「好，一起爬上去」，此時我會保持沈默，因為我知道自己做不到，而我也不和她正面衝突，讓先生來和她應對，因為我知道，自己的兒子不管如何和媽媽頂嘴，他們永遠是母子，而媳婦只要多表達意見就會天下無法安寧。有時行李很重，婆婆會說：「妳還年輕拿得動吧？」我會儘量，但是我還是會保護自己，以不傷害到自己脫臼的腳為原則，再不行，我就會微笑，而婆婆就會說：「微笑是無法解決事情的」，我也知道微笑是無法解決事情的，但是那個階段，我只能微笑了。

　　有一回，婆婆要我和她一起打掃房子，忽然間在陽台上發現了一團不明黑色軟軟的物體，最後的結論是也許是糞，婆婆就先離開了，對於一個幾乎二十三年來沒有做過家事的我，是束手無策，在那當下我告訴自己，這不過是生活的小小部分，接下來的人生，我一定會常常遇到相同的問題，也許是上天給我的機會，而也是我表現給婆婆看的時候了，左手和右手各拿一張紙，就把那不明物體抓起

來，其實我內心覺得很噁心，但是我都忍下來了。後來婆婆說，她想要看看我怎麼處理那糞，所以她是刻意離開給我學習的機會的，我感謝她的用心良苦。

其實，我知道婆婆也是很疼我，她只是剛開始一時之下無法接受我是她的媳婦的這個事實，我婆婆是很傳統的日本女性，她很勤儉很會照顧家人，當然她也常常苦口婆心的要我多吃些營養的食物，我要出門時她總是再三的叮嚀，因為我不是日本人，她怕我迷路，她怕我被欺負。有一回，她忽然對我說出她的內心話，她希望我不要埋怨她，她說現在對我的嚴格是要教導我，因為既然我選擇了嫁到日本，我就要學習日本的生活習慣及一切的一切，我不可以再像小公主般，婆婆其實是苦口婆心，而老實說，接受教育後又在父母細心教導下的我，其實是非常善解人意的，而不管和別人有如何的過節，我心中永遠不會有恨，通常事情過去了就過去了，我永遠不會將不好的回憶記在心中。

有時婆婆會請我和她一起喝茶，她總是告訴我，雖然我常唸你，但是請你不要討厭我，因為我是為了妳將來好，我是在指導妳。其實一路走來我一直是一個相當明事理的人，只要是我不對，我絕對虛心請教，長輩責備我，我都會接受指教，因為他們吃的鹽比我吃的飯還要多，他們的經驗絕對是可貴的。還有做晚輩的，孝順是最基本的，我了解婆婆的用心，而我也希望向婆婆表達我對她的感謝，我內心對她沒有絲毫的討厭，正好相反的是我很喜歡她。

在我的眼光下，自己的身體不過是小小的缺陷，但是在老一輩保守的觀念下，加上婆婆是日本人，受的是日本教育，她更是無法接受，即使她知道我和她兒子交往了快一年半，結婚了六個多月了，然而她心中永遠有個結，而我深知，唯一能解開這個結的人是我。

和婆婆相差了四世代，年齡差約五十年，我的黑色筆記型電腦在婆婆的眼中是個黑盒子，她試著把它打開，試著要把紙張塞進去。在婆婆的觀念中，普通的家用電話已經再先進不過了，有天我的行動電話響了，正好婆婆在行動電話旁邊，我請她幫我拿，但是我卻花了好久的時間向她解釋行動電話的形狀，因為在她眼前的小東西是她一生從來沒有使用過的。但是我都能夠體諒，我知道人與人之間要和平相處必須要互相了解及互相包容。老實說我對婆婆只有感恩，她有她的威嚴，而我對她是絕對的尊敬，我知道一個七十多歲的老人要和年輕人相處，對她而言也是很大的挑戰，好想要對她說聲：「謝謝」。七年級的我，不會做菜，婆婆雖然偶而會唸一唸，但是她都很心甘情願的付出。

在婆婆的眼中，身體有缺陷的人，不是一生不能結婚，或者就是也要嫁給同樣是身障者，雖然我在台灣已有汽車駕照，但是沒有太多實際開車經驗的我，在日本我選擇再一次重新學開車，人生的每一步決定，其實都是在為自己下一步鋪路，而在我親愛的婆婆的觀念中，女生就是不需要學會開車，但是我是個獨立自主的人，我希望凡事可以靠自己，現在我已經考到日本的駕照，而開車的技術

也較之前進步多了，有時出門我和先生會輪流開，而坐在車上的婆婆都會笑咪咪的說：「開車技術不錯喔！」有那一句讚美，一整天都是心情愉快呢！

幾年前，在我還是學生時代時，就常聽說婆婆和媳婦無法相處，那時我總是想，忍一時風平浪靜，退一步不就海闊天空了嗎？在自己親身體驗後才發現，也許兩方面都很努力的要和對方相處，但是在整個成長背景及教育環境的不同之下，就是無法把想法連結起來，這要怪誰，我想誰也不能怪誰。雖然在現階段的生活中，有著小小的挫折，但是我相信，未來我還是可以走出一條屬於自己的生活方式。

最後要謝謝親愛的婆婆生下我的先生，教育我的先生，因為有婆婆我才能享受這段困難重重卻又幸福的婚姻生活。

我的婆婆也和我母親一樣，她們都很天真可愛，婆婆最愛種花種樹，及栽水果，每每從背後看婆婆，總會發現她老人家可愛的一面，她常常對著自己種的花說，花兒花兒你要開漂亮一點喔！我每天都給你澆水，也對你很好喔！接著她又會對著水果說：水果水果，你要甜一點，我每天都來照顧你，你要乖乖聽話喔！接著婆婆又會對著雜草說，你長到別的地方去，這樣才是好孩子。

前幾天，先生去理頭，理了個三分頭，看起來挺有趣的，我就隨口說了一句好可愛，一向正經八百的婆婆這時馬上說，男生不可以用可愛來形容，要以紳士或是英俊，用可愛來形容很不像話，我們現在一家人的相處都在爭吵

中取得和諧。

　　老實說，雖然婆婆有時會唸唸有詞，但是她的出發點都是為了我好，我打從內心的喜歡她，我覺得她很偉大，現在的她已經慢慢接受我這個台灣媳婦，她會買衣服給我，吃飯時她總是把最好的部份留給我和先生，她如同我的親生媽媽般疼我，我真的好感謝她。

生活小插曲

　　身體有小小的缺陷並不代表在人生的路上就會少了愛情這一段，相對的也許會更豐富，身心障礙的朋友們，不要為自己的生活劃範圍，放開心胸，凡事都嘗試看看。

　　2003年的八月我到泰國去接受數位有聲書講師的訓練時，人生中小小的插曲，上課的地點在飯店的會議室，所以每天的早餐及午餐都在飯店一樓的餐廳用餐，我在飯店總共住了十天，第二天的早晨，睡眼惺忪的，一手拿著枴杖，也沒有特別去打扮，一身輕便的運動服就下去吃早餐，此時一個泰國男服務生走過來問我：「要喝咖啡還是喝茶？」，我回答要「茶」，他緊接著下一句話：「妳好漂亮」，讓我頓時清醒多了，我分不清楚咖啡和茶和妳好漂亮有什麼關係，但是我的自信在此又加了十分，從六十分變到七十分，之後他問我：「妳從哪兒來？」我說我從台灣來，此刻我聽到廣告般的台詞：「台灣女孩都和您一樣漂亮嗎？」忽然間我覺得好光榮，之後的八天，吃早餐和午餐成為我最快樂的時光，因為他看我拿著枴杖，所以都給我特別的服務，我只要坐在椅子上，告訴他我要吃什麼，他就會端到我面前，而看起來他好像是在為我服務，但是他的眼神好滿足，我好像變成女主人般，只要我一個眼神看他，他就馬上走過來問我：「你需要什麼」，連和我同行的人也都得到特別的照顧，最後那一天，他問

我：「你要回台灣了嗎？」他的眼神中露出無奈及失望，他問我會再來泰國玩嗎？我回答會啊，到時候再來住這個飯店，我視探性的問他：「你結婚了嗎？」其實我的這一句話是有目的的？因為我想要知道男生對愛情的忠誠度。其實人是有感情的動物，即使結婚了，還是有可能在某一時，某一刻被身旁的某個人所吸引著。老實說，其實那時的我是處在有男朋友的狀態的，而我的內心還是有蠢蠢欲動的感覺，並不是我倆有感情，而是那讚美讓我心情好愉快，也就是當一個男生對我說出我好喜歡你時，那種心情是得意的，那種心情是自己好像被重視，自己好像被需要，男生和女生，其實是相輔相成，彼此在被需要與需要之間，互相珍惜著對方的。在此我得到一個想法，在生活中我們何妨不多多讚美別人，因為讚美別人也許可以讓被讚美的人快樂，也許那人正處於心情不好的狀態，因為您的一句讚美改變了他的心情，也許更給了他往前的動力。

在泰國再度相遇的印度朋友。

感謝他的一句話，讓我的自信加了不少分，也讓我學會了要讚美別人，因為讚美別人不但自己會很快樂，別人也會很快樂。

舉個例子，其實在嫁給我先生之前，我從來沒有煮過飯，從來沒有炒過菜，而嫁了以後，我一步一步慢慢學習，最剛開始煮時，不是沒有熟，就是燒焦了，而我先生永遠都不會責備我，也沒有一句批評的話，相反的從他口中說出的句句都是讚美及鼓勵的話，他讚美我說：「第一次煮就可以煮的這麼美味，很厲害了。」有時我把魚煮焦了，他就又會說：「這樣才像是烤魚，又香又好吃。」他的讚美讓我有更多的動力努力學習，其實換個角度來想，他是聰明的，我們來想想一個假設的畫面，一個太太把魚煮焦了，先生可能會說，那麼簡單的料理妳都不會做，結什麼婚，又若肉沒有熟，先生可能會說：「難道妳不知道我不喜歡吃沒有熟的食物嗎？」每一句都是責備太太的話，接著太太可能也會生氣的回話：「以後你要吃自己煮。」這時候兩個人之間鬧的不愉快，太太有可能氣了一個禮拜，先生那一個禮拜可能都要吃便當，所以其實同樣是一句話，讚美將會讓上面的假設畫面變得緩和些，太太也不至於會生氣，這才是百戰百勝的作法，而不要兩敗俱傷。

同樣的，我有個朋友，她一直很喜歡一個男生，她和他都是重度身心障礙者，她和他認識三年，這三年來她覺得她無條件的為他付出，而他也悶不吭聲的，好似接受了她的付出，而其實在他的定義中，他覺得他和她只是朋友，是再普通不過的朋友，而她只看到了自己對他的付

出，卻忽略了其實他也是為她付出不少，一年前他選擇了在他生命中一直默默為他付出的A小姐，而她因此恨A小姐，甚至想盡辦法要讓A小姐消失，她心中對A小姐的恨讓我覺得不可思議，也讓我覺得好可惜，可惜她不知道如何管理自己的情緒，她不知道如何走出情傷。

這也讓我想起，自己也曾經在愛情路上受傷，和她不同的是，我對於對方的男生，或是對方男方又選擇交往的女孩一點恨也沒有，但是我必須承認要走過那一段傷，並不是那麼容易，我也是在很多人的扶持下才又站起來，所以今天我想要和大家分享，我從最初的心境到後來的轉變。

B男孩和我大約是同年紀，我們是因為學校的活動而認識的，其實我對撞球並不怎麼有興趣，但是因為B男孩很喜歡撞球，所以每每放學後，我就會陪他一起去撞球，B男孩長得挺帥的，但是就是做事沒有責任心，什麼事都是隨便就好，開玩笑也是都不想對方的感覺，不經過大腦，開口就說，在朋友面前B男孩常會說，我的跛腳女友來了，因為我走起路來有點跛，我心裡常在想，你都不尊重自己的女朋友了，你的朋友不尊重我也是正常的，B男孩的朋友也是三兩句就一句輕視我的話，老實說男女朋友最無法分開的是因為習慣，習慣了在凌晨十二點他打來的電話，習慣了早上七點他在家門口接妳上學，習慣了有人幫妳買早餐，習慣了放學時有人在校門口等妳，習慣了無聊時有人在旁邊陪妳，而其實在習慣了這些動作的之前，十多年來，我還不是都一個人生活著，所以只要把習慣再改掉，要離開妳覺得不適合的男朋友，或是要離開你覺得不適合的女朋

友，其實一點也不困難。

　　當時的我相當的有決心，我認為是對的，我就會去執行，對方打來的電話，我一律不再接聽，並不是分手後不能當朋友，而是要回復到朋友關係是需要時間的，在學校見了面，也只於微笑和打招呼，每天早上自己努力的起床，自己騎摩托車去坐客運，下課了到書局去走一走，或是去買自己愛吃的零嘴，無聊時自己一個人去看電影，我發現一個人的生活其實很自由，而且一個人也可以過得很好，當對方不適合你時，不要去勉強，也不要去恨對方，因為那是緣份，強求而來的緣份不但不會長久，也不會受到祝福。讚美對方，祝福對方，放寬心胸，相信你或妳一定會找到真正屬於自己的Mr. Right。

我可愛的家人

　　若問我的父母親，您的兒子、女兒幾年幾月出生的，他們可能要想很久才回答的出來，甚至要查那本年代已久的記事本才回答的出來，而甚至記事本上面寫著他們自己也都看不懂的字。更有趣的是，當您問我的父母，他們自己的出生年月日，他們可能都答不出來，還要看身分證，所以更不用說結婚紀念日這個重要的日子，看起來我一點都不像我的父母，也許是因為我是雙魚座的，我可是挺浪漫的，挺講究生活的驚喜及氣氛的，不過此時我的家人就會說，但是妳是最不實際的，最不懂得人間疾苦的。

　　還記得和家人之間相處的有趣故事，我是個美食主義者，最愛外食的我，曾經為了吃碗魯肉飯，全家人帶著我，車子停在鬧區的街上，我們可是停在停車格子內，不到一個小時，車子被不知名人士撞到凹了一個洞，心想大家一定要對我開罵了，沒想到大家卻只有一句：「都是妳的一碗魯肉飯啦」，而全家就集體哈哈大笑。

　　年輕人總是花招百出，當然我也不例外，前一陣子，在推銷人員的遊說之下，我決定訂做一隻和我出生時重量相同的熊，送給我親愛的父母做紀念品，當推銷員問及我出生時的重量時，我先是思考了一會，然而我腦中卻是沒有任何的記憶，推銷人員隨即說打電話問問您母親，您母親一定知道，然而此時我卻深信，我的母親也不清楚，

此時我婆婆也在我身邊，婆婆馬上說，母親不可能不知道的，打個電話問問就知道.因為我確信我的母親不知道，但是我又不好意思告訴婆婆我母親不知道，不過我倒可以在婆婆面前大方的演戲，來場自導自演，因為婆婆只聽得懂日文，所以我就自己編了一個重量，不過挺有趣的是，我對嬰兒出生時大約是多重沒有任何的概念，所以我就說五公斤，婆婆馬上說妳一定聽錯了，不太可能吧？看來我說謊又沒有先打草稿，這下可是丟臉丟到家了。

我們家人都很可愛也很有趣，大家都不會去記得對方的生日……等等的紀念日，所以在我們家不過生日的，第一次知道有生日快樂這個名詞是上學後，然而我在家裡卻是天天快樂，我爸爸最常說：「妳根本不用過生日快樂，妳天天都快樂啊！」

我現在快要24歲了，哥哥也28歲了，就在前幾天，哥哥的生日時，我接到哥哥的電話，他問我：「妳知不知道今天是什麼日子？」我想了想，沒有放假，今天到底會是什麼日子，於是哥哥就接著說：「快跟我說生日快樂」，我們家人都很可愛吧，生日快樂是要用要的，要自己記住自己的生日才行，家人間是沒有人會幫別人記的。

這讓我想起，一年前，那時還是我男朋友的先生，他的生日當天，他一直在等待我打電話向他說聲生日快樂，但是我這個人也不會特別去記住別人的生日的，所以我根本就忘掉了，於是他生氣了，隔天我才忽然發現昨天是他的生日，而我就裝得若無其事的樣子，打了電話向他問候幾句，他就要我把明年生日的日子記住，再忘了就不放過我。

　　來說說我可愛的父親，轉眼間我長大了，不再是小女孩了，有時我的父親會問我：「妳正確的年齡是幾歲」，當我回答二十三歲時，我父親會先愣住，接下來說：這麼大了，我都不知道。」其實在父母親的眼中，自己的小孩不管多麼大，永遠都是自己的小孩，所以永遠都覺得自己的小孩還沒有長大。

　　我的家人真的很有趣也很可愛，有時我都直接叫我母親的名字，後面再加上小姐，她也都是笑一笑而已，不會覺得有什麼不尊重長輩的，其實這麼的和諧氣氛也是造就出我現在的個性的原因，所以在此我還是得感謝我可愛的家人。

給親愛的父母的一封信

親愛的父母：

我是真儀，隨著我和哥哥的成長，我們茁壯了，然而在這同時，您們卻漸漸老了，每當看到您們頭上的白髮漸漸增多，您們走路的速度慢慢變緩，我就感覺到時光的飛逝，轉眼間我已經二十四歲了，因為我的先天性髖關節脫臼，童年時總一直讓您們操心，我更曾經因為您們把我生的和別人不一樣而責怪過您們，請原諒當時不懂事的我。而今我長大了，我嫁人了，漸漸體會到人的一生，能和父母一起的時間，說起來真的是挺短的。

二十四歲前，一半是在學校，加上有一段期間住在學校的宿舍，小時候我又有一段時間住在外婆家，數一數真正住在家裡的時間可能只有不到十年的光陰，而在家的時間睡眠又占了不少的時間，而您們也必須要為了生活而奔波，認真數一數，我們靜下來坐在一起聊天的時間可能加一加只有一年，而今我嫁到日本，日後見面的機會將是少之又少，遠在日本的我常常在想，您們近來好嗎？時光一刻也不饒人的，您們的頭髮一定又白了不少。

近來的我過得普普通通，平平凡凡，沒有什麼特別新鮮事，您們不求我做什麼大事，聽到我健康平安，您們就已經很滿足了。婚姻生活不比單身自由，而兩個人相處又是一門大學問，而國際婚姻（我的先生是日本人）又必須

要跨越語言，文化風俗習慣的不同。不過有個好處是，我們兩個想要吵架卻永遠吵不起來，因為有時先生要表達一件事讓我知道，而談話的內容中我可能有兩到三個詞聽不懂，而這時他必須要先解釋那兩三個詞的意思，而等他解釋到我明白時，他的氣已經消了，而且還哈哈大笑。又當我生氣時，我想要表達我內心的想法及感想，但是我的日文表達能力還不是挺好的，所以他總是會誤解，而他誤解時我又必須努力的去解釋，這時他就會天外飛來一句，先把日文學好吧，這時就換我哈哈大笑了，我們總是吵不起來。

2004年六月，我毅然決然的決定遠嫁日本，當然您們是舉雙手反對此婚姻的，我相信您們的反對絕對有您們當父母親的苦心及立場，而我想自己是三分之一年輕人的無知，三分之一是勇氣，又三分之一是懷著賭一賭的心態，2004年七月我開始在日本學習開車，雖然在台灣早在五年前我就有駕照了，但我的技術卻幾乎是無法開上路，在台灣第一次開上路就把前面的燈撞壞了。由於第一次駕駛就撞壞了前照燈，所以我就再也不太敢開車了，如同一朝被蛇咬，終日怕草蛇。

在日本為了重新取得日本的駕駛執照，加上講習我共花了約六十個小時，在嚴格標準的訓練下，我現在已經可以開車來去自如了。從這裡可以印證天下無難事，只怕有心人。

2004年的九月，我回台灣旅行，台灣是我出生，成長的故鄉，記錄著我成長的足跡及回憶的點點滴滴，而今日

本成為我的家，台灣變成我旅行短暫停留之地點。

　　有很多朋友很羨慕我嫁給日本人，然而在日本，我永遠都會是外國人，老實說要在一個語言也還不太通，幾乎也完全是陌生的環境下求生存是相當的辛苦，這之間必須要有相當的努力及付出，如同我在教練場學開車時，我曾經因為聽不懂老師日文的解釋，而走錯考試的場所，總共經過三次的失敗，我終於拿到駕照，這之間每一步都走得踏踏實實，沒有一點點的僥倖，而全靠自己的實力。

　　對於未來我不敢做太多的保證，但是我有八成的保握將來的自己可以過得很好，希望可以做到讓我的父母對我完全放心。

我的朋友們。

　　沒有人是十全十美的，其實我的先生也有很多缺點，但是從另一面去思考，他也有很多優點，他對我很疼愛，

但是我不會因為他對我百依百順就自傲，我還是遵守著自己的本份，自己的事自己來做，這也是我的父親一直強調的一句話，自己的事自己做，自己一個人可以完成的事不要花二個人的時間來完成，人生是有限的，生命是保貴的，要好好珍惜。

嫁來日本的這幾個月，我還是維持著自己生活的步調，我是台灣人，我的家人親戚朋友幾乎都在台灣，每當在日本遇到困難時，我時常有進退都沒有路的感覺，只有自己想辦法解決的無力感，然而雨過終會天晴，在這起起伏伏的人生，惟有靠自己了。

我的先生對我很好，這一點我想要請我的父母放心，不論在精神生活上或是物質生活上，我們都過在一定水準之上，對於和婆婆的相處，我永遠維持一定程度的尊重，畢竟老人家會責備年輕人一定有她的原因及想法，人生沒有一定的規則，每個人對事情的判斷也都不同。地球上簡單分成歐洲人、美洲人、亞洲人、非洲人，同樣的問題，卻會因教育及民族性的不同而產生不同的觀念及想法，而沒有誰是對，誰是錯的，如同我和婆婆，我們的年齡相差了將近五十年，我們的成長背景完全不一樣，當然觀念會不同，所以尊重別人的想法，把別人的想法拿來當成自己的參考，不要因為想法的不同和別人爭吵，因為每個人所站的角度不同，所以所看到的面當然就不可能會相同了。

來日本這短短的幾個月，因為先生工作地點的關係，我已經搬了二次家，那時候我覺得自己真的像是一隻打不死的蟑螂一樣，適應性很強，從東京搬到愛知縣，忽然間

60

從大城市來到小鄉下，先生要上班，沒有時間照顧我，而我一次又一次的迷路，一步又一步的挫折，跌倒了再自己爬起來，我希望有一天可以找到一條在日本的生存之道。

人說天下父母心，雖然我已經嫁到日本了，但是和父親說話的時間卻好像增加了，因為在台灣那頭的父母總是擔心我一個人不知道在日本過得好不好，父親幾乎天天都會打電話來叮嚀我，一下子叮嚀我不要著涼了，天冷了要自己加外套，父親好似又把我當成三歲小孩般。

我偶而會寄照片給在台灣的父母，因為我照起相來就是會比原本的樣子還要變胖一些，當然實際上我也是有變胖了一些，當我的父母親收到照片後，他們就會放下手邊的家事，趕緊打電話來叮嚀我，不要吃的太胖，太胖妳的腳沒有辦法負荷，要自己小心，自己注意自己的身體。

親愛的爸爸媽媽，有時間到日本來走走，您們來日本時，我就可以當老大了，因為您們不會日文，也不知道路，這時我就得當導遊，而這樣我才會有長大的感覺。

輪椅異國婚姻
之心路歷程

內心想對父母說的話及感恩

　　首先感謝我的父母賦予我生命，也許您們一直為把我生得有小小缺陷一事而自責，然而那並非您們所能決定的，而是老天爺決定的，現在的我心中沒有絲毫的埋怨，而卻是無限的感謝，您們對我的付出，我都可以明白也可以感受的出來，感謝您們給我一個溫暖的家，有個愛護我的哥哥，讓我在健全的環境中成長。

　　這一路走來，我常常違背父母的期望走自己愛走的路，爸爸媽媽認為東邊是對的，我就往西邊走，其實不是我叛逆不聽話，而是我認為父母親有他們的成長背景，而在他們的成長背景下所產生的觀念不一定符合現代的社會，也許父母親的觀念是對的，但是我卻覺得自己的觀念是比較有可行性，事情是講求效率及可行性，而不是死板的只有一條古老式的路。

　　父母希望我可以多唸些書，將來靠自己一個人獨立生存，因為父母親認為我不適合婚姻，而我沒有依照他們的期望唸上大學，但是他們期望雖是期望，卻從來不給我壓力，而我並不是故意和父母親作對，這一點想要請您們諒解，其實父母親的每一個想法，每一個意見都深深的影響著我，我都牢記在心，在適當的時候，我就把它拿出來使用，如同您們一直教我對人要有禮貌，要尊重長輩，的確這是非常實用的，每每走在路上，或是在電車上總是會有

老人家來向我問路，或是和我聊天，我常常想路上行人那麼多，為什麼偏偏選上我，也許是我的臉比較可愛，或是因為我看起來比較和藹可親，只要老人家來尋問我事情，通常我都會儘量配合他們的話題，即使那是離我好遠的年代，即使其實我根本聽不懂，但是我卻一直覺得讓老人家快樂我也是很快樂，何樂而不為呢？而這一點是向我母親學習的，我的母親雖然已經五十多歲了，但是她的心地卻像小孩子般的天真，在她的世界中每個人都是好人，所以大家都喜歡和她做朋友，她的臉上也總是面帶微笑，而那影響了我，我也總是面待微笑，而當我面帶微笑時，常常會有好運氣到臨。

我知道父母親的角色一向是最難扮演的，太嚴格會遭到小孩的反抗，太放鬆將來又會遭到兒女的抱怨，抱怨父母當初的不盡責任。父母親一路關心我，照顧呵護我，而我卻在父母的反對下，選擇嫁給我自己認為好的人選，父母養了我二十多年，我完全沒有尊重父母親的意見，其實我內心有些過意不去，我的毅然決然，曾讓他們一時之間不知所措，而今那婚姻關係已成事實，我的父母也勉強的接受了，對父母我有說不出的歉意，我知道他們只是擔心我過得不好，擔心我無法適應婚姻生活，而因為這又是場異國婚姻，我的父母更擔心無法就近照顧到我，一切的一切都是天下父母心，我可愛的母親正努力的學日文好和我先生溝通，但是她常開玩笑的說，老了記性也不好了，剛學好一句，上一句就又忘記了，而我的先生也買了不少學習中文的CD，但是我先生對於語言卻也是一竅不通，到

現在也只會晚安、早安、午安和謝謝四個詞，而因此我就成了父母和先生之間溝通的橋樑了，而其實這有個好處，對自己不利的句子，我就會跳過去不翻譯，而兩方的關係卻也可以在我用心的打造下，漸漸的變好，其實這也很不錯。

而為何當初我如此的毅然決然的決定嫁給他，一個和我年齡的差距不少，又是外國人，其實我也有我的原因及理由，我並不是盲目的只陷在愛情海中，相對的我深知婚姻等於生活，戀愛是短暫的，生活卻是長長遠遠的，這一點我都清楚的明白，父母親以為我只是一時被愛情沖昏了頭，而其實我並不是，我是在衡量自己的優缺點，及自己到底適合怎麼樣的人後，才做下決定的，而雖然父母親是生育我、養育我的人，然而我是一個獨立的個體，所以自己的需求只有自己才知道，相對的責任也是要自己來承擔。我有先天上的不足，所以另一半需要和我在某些方面互補，舉個例子，有時出遠門時，我必須要依靠輪椅來當交通工具，這時若另一半可以幫忙推輪椅會比較輕鬆些。而後天因為學習的不足，我不太會做家事，這時若另一半在家事方面比較得意，那又可以和我的缺點互補，人沒有十全十美的，當另一半具備了我要求的所有條件的同時，他可能同時附帶了一些我不喜歡的特質，例如抽煙、喝酒。

每每提及我不會做家事時，我的父親總是很感慨的說，都是我沒有把妳教好，別的父母親都知道要從小教子女做家事，當時由於年輕，沒有當父親的經驗，所以我就疏忽了，每每看到父親那後悔的表情，我好想要告訴他，

人生的旅程，每一步每一步都是一個學習的經驗，您是第一次當父親，我也是第一次當女兒，我也不知道要做到什麼程度才算是好女兒，當然爸爸也不用完美的要求自己。

小時候我有很天真的想法，有時看到父母親為了自己的事在煩惱時，我都會想，若自己是孤兒院的孤兒，就不用有人為了我的事煩惱了，當然我也就不用為了父母的身體……等等操心了，這樣該有多輕鬆，這是小時候時我天真的想法。然而，其實有父母的關心真的是太幸福了，天冷了有人會提醒我們加外套，外面下雨了有人提醒我們要帶傘。不過挺有趣的，現在長大了，有時天冷了，愛漂亮就想逞強一下，我可愛的父親就會提醒說：「有神經的人要加外套了」，那原本的嘮叨轉換成幽默的氣氛。而小時候，感覺上在家中地位最高的就是父母，轉眼間，隨著我們的成長，我和哥哥好像變成女皇和王子，因為我們的每一個意見，都是父母親參考的意見，而此時我深深有個感覺，父母親若把子女的意見當成很重要的一個指標的同時，子女就會想要做到更好，更讓父母對自己有信心，而這樣的關係下，父母親用不著天天盯著孩子，催促孩子去做這，去做那，而相對的孩子們會自己鞭策自己。

我就是一個例子，不管我做的事是對是錯，我的父母通常都不表達任何的意見，（當然很明顯的錯的離譜時，他們會出聲），而失敗時，他們會說沒有關係，再努力，失敗是正常；而成功時，他們就會鼓勵我，告訴我，我早就知道你做得到，其實那種得到父母信任的感覺一直是支持著我往前衝的動力，而失敗了，他們完全不會責備我，

他們輕鬆面對的態度讓我完全沒有壓力，也比較不會有得失心。

我生活得很充實，請爸爸媽媽放心。

今天若沒有我父母的支持，我想我可能還是一隻井底蛙，他們常常放我一個人四處流浪，而這流浪並不是無家可歸的流浪，而是去旅行，小小年紀時，我父親就讓我一個人出遠門，而出門前他只會交代幾句重要的話，就是不要和陌生人講話、要注意身體的健康及注意自身的安全、迷路了就開口問、路長在自己的嘴巴上等這類話，而這也是為什麼有今天如此獨立的我。我的父母明事理，對就是對，錯就是錯的這個觀念影響著我，還記得國小時，不小心打破同學帶來學校美化教室的花卉，當然我的不小心讓導師責備，也讓同學哭，我的父親知道後告訴我：「先向同學道歉，請她不要哭，明天我們就買來還給她。」父親

並請我下次不要那麼粗魯，而父親並沒有責備我，因為事情已經發生了，重要的是解決事情，再多的責備都無法解決，父母親對我的寬容，我一直很感謝，因為我不需要在戰戰兢兢下生活，而可以自由自在。

而這小小的事件，一直影響著我，只要是我做錯事，影響到別人的利益時，我一定補償別人，為自己的錯誤負責，而父母的作法也影響了我的個性，認識我的人通常都沒有看過我生氣的模樣，並不是我沒有脾氣，而是發再大的脾氣，有時候事情還是無法解決，相反的冷靜下來，也許在很短的時間之內就可以解決。當然，需要的時候，我也是會生氣，特別是為別人主持正義的。

感謝日本的前田父母

　　和前田爸爸媽媽的結緣是緣自於2003年的新年，我到他們家去寄宿了七天，由於是新年，所以前田爸媽的女兒們也都回家一起過年，第一次到別人家寄宿，而又是日本人，那時我語言又不是很通，所以其實我一直都很緊張。

　　但是其實日本人和台灣人之間，即使日本人那方不會說中文，台灣人這方不會說日文都不需要擔心，因為我們之間有個共通的漢字，也就是聽不懂時，用寫的，通常百分之七十以上都可以溝通，所以前田爸爸常常在我聽不懂時，用寫的和我溝通。

　　前田爸爸、媽媽兩個人都是熱心公益，只求付出不求回報的人，我已經不是他們第一次收的外國寄宿生了，他們每年都陸陸續續邀請必須留在日本過新年的外國人到他們家裡來作客，他們的理由是，一個人出門在外，又逢過年過節，難免會孤單寂寞，他們對人的關心及他們的細心用心，都會讓出門在外的我們感動萬分。

　　前田爸爸常常對我說，他的家是在鄉下，所以沒有什麼購物中心，但是有很多大自然的風景，有山有河川，有原野……等等，（我想可能是因為前田爸爸知道我是個愛大都市，愛購物中心的女孩），前田爸爸在我寄宿他們家的七天，常常帶我到他們家附近觀光，他教我日本的傳統習俗以及過年時的習慣。

　　還記得十二月三十一日，一年的最後一天，我們吃了

長壽麵，這是象徵年年都健健康康，長命百歲的意思。又那天凌晨的二點，我們一起到廟裡去祈福，祈求新的一年平平安安，順順利利。

前田父母常教我做人的道理，也許長輩們的道理都很雷同，但是只有聽不去做就永遠無法成功，前田爸爸說只有努力才會成功，好似很簡單的道理，但是其實卻是非常深奧的。

前田父母的女兒在中學時到澳洲去當交換學生一年，這期間前田父母沒有去看過女兒，也禁止女兒打電話回家，他們要女兒再怎麼辛苦都自己獨立撐過這一年，因為前田父母相信這一年將會帶給自己的女兒很大的成長，他們並不是不愛女兒，相反的他們因為愛自己的女兒，所以嚴格的教育她。

前田爸爸是個標準的日本作風的日本人，他現在七十歲，從開始工作到現在四十多年，不管是颱風，下雨，甚至下雪他都沒有一天遲到過，下雪時，車子無法開出門，他就走路到公司。

前田父母到台灣家來做客。

　　講到這裡再想想自己，在學期間，最快樂的時光就是意外來的颱風假，看來我這樣的態度是不行的。

　　前田爸爸對自己比較嚴格，對別人比較寬容，他為了身體的健康，從年輕時到現在幾十年來，天天都運動一個小時，不管怎麼的忙碌，這樣的習慣從來沒有間斷過，這一點也是我要學習的，我脫臼的腳其實依照醫師的指示是要在睡前天天自己做復健的，而我總是偷懶，不會痛時就忘了要做復健，我想自己的毅力也是要再加強的。

　　當初，我自己決定嫁到日本時，我不知道這樣的一個決定到底對不對，於是我寫了封信向前田父母請教，前田父母非常的關心我，馬上回信給我，他們以不同的角度不同的觀點來向我說明國際婚姻的好與壞。

在日本的父母來參加我的結婚典禮。

　　2004年6月嫁到日本，2004年10月，我寫了一封信向前田父母求救，並不是先生欺負我，也並不是先生不照顧我，而是我一時之間不知道要怎麼適應在日本新的生活，我的心情好低落。

　　當前田父母收到我的信的同時，他們馬上打電話給我，前田媽媽問我住在哪兒，我說在愛知縣，隔天前田媽媽又打電話來，前田媽媽說他們正好在二個月前就決定要到愛知縣渡假，而飯店又正好在我現在的家附近，我心裡在想，真的有這樣巧的，還是因為前田父母擔心我，所以特地要來看看我，我想是後者。

　　在日本，結婚儀式開始之前會有男女雙方兩家人互相介紹自己的父母及親戚的儀式，而這時前田父母馬上坐到我父母的旁邊，他們無時無刻的幫助我，也幫忙我的家人，因為我的父母不會日文，我的父母也不知道到底整個儀式的程序是如何，當然我也不知道。後來我的母親好似忽然了解了那儀式的意義，我母親說，我們真的要好好感謝前田父母，他們時時刻刻輔助著我們。

感謝賴東明董事長

　　感謝賴東明董事長、徐重仁總經理、岡井和夫總經理、王文欣執行長、雁翔小姐，蔡岱潔小姐及好鄰居基金會的所有人，也感謝我的母校文藻外語學院對我的栽培及支持。

　　2002年一個偶然的機會獲得日本愛心輪基金會贊助，一個身心障礙領導人才赴日培訓的計劃，而好鄰居基金會是台灣的協辦單位。在那之前我常常會從報紙上看到賴董事長及徐總經理……等等的報導，在那當時報紙所報導的大人物對我而言好像是遙不可及，不可親近般，然而因著此次赴日培訓的計劃我有機會和好鄰居基金會的人相處。他們的好，他們的親切，一直讓我覺得好感動、好溫馨，我打從內心的感謝他們。

　　我常常在想，為什麼這個機會會如此偶然的降臨到我的身上，而這個機會卻是我人生最大的轉折點，而這如此的偶然我要感謝老天爺的安排，我想老天爺一定是看到害羞的我需要改變一下，老天爺一定想我的生活圈要再擴大一點，而另一方面老天爺一定是要把一個重責大任交給我，那就是要我幫忙身心障礙的朋友。也許現在我的能力還非常的有限，但是等我一有能力，我一定盡全力幫忙這社會上需要幫忙的人，當然我一直認為幫忙別人不是一直的給予，相對的是要互相，我教您的，您再去教需要的人，把它變成一個鏈子般，源源不絕。

接受賴董事長的祝福。

參加徐總經理的新書發表會。

　　更有些時候我們會誤會了幫忙的定義，我們會以為捐一點小錢給對方，讓對方的生活好過點，也就是我們都是以餵食的方式，但是其實那是不對的，而是要教需要的人如何自己去釣魚。

　　而我常常在教導別人的過程中遇到挫折，也就是大

家不信服我，因為他們認為我只是運氣好，所以很多人願意幫忙我，也有人認為我長得很可愛所以很多人願意幫忙我。老實說，我身高才一百四十多，長得再普通不過了，這地球上美女那麼多，為什麼別人選擇幫忙我，這也是我要教大家的。

一路走來，我都沒有放棄我自己，也就是我一直在尋找一條屬於自己的路，跌倒了我就站起來，需要別人幫我的忙時我就會開口向大家請求，當然十次有九次可能是失敗的，但是只要一次成功就好，再從那成功的一次去尋找下一個機會。

而心懷感恩卻是更重要的一件事，每當別人幫忙我，我一定記在心頭，而相反的我幫忙別人的，我就不會特別去記住。

我曾經看過這樣的一個例子，她本身是身障者，但是她真的是相當的聰明，然而她天天怨天尤人，她埋怨這個世界對她不公平，她埋怨自己的母親不愛她，她一天到晚批評人，心胸真的很狹窄，因為她覺得這個世界上所有的人都對不起她。本來我是她的朋友，但是漸漸的我發現在她的身邊我永遠只能聽到負面的言語，突然間我發現自己好像也快要變成這樣了，我曾經試著去開導她，但是我得到的卻是她對我的指責，她說那麼多人幫忙妳，妳當然感受不到我的難處及痛苦，她訴說著自己沒有朋友，那時我心想，妳身邊可以算是唯一的朋友也即將要離開了，那個人就是我，因為我不想要生活在她所營造出來的黑暗氣氛之下，這時我必須要自私的為了自己的光明未來而離開，

因為救得了她的人不是我，而是她自己。

曾經我也埋怨過我的母親，曾經要走在馬路上我也會害羞，然而今天我改變了，我能改變的只有我自己的心境，這個世界上的每個人原則上是沒有能力改變別人的，社會上每個人看我的眼光也是無法改變的，但是我的心境改變了，所以我自己是再輕鬆不過了，有時有人看看我，覺得我走路的樣子很奇怪，還會特別假裝是和我同路，跟在我的後面，而我卻真的一點也不在意，有時候別人會問我，是不是刻意假裝不在意，我可以用保證的說，沒有，現在的我完全不在意。

而為什麼我會不在意，是有原因的，因為我努力做自己應該要做的事，我盡到自己在這個社會上，這個地球上應盡的責任，而我努力的同時，別人看到了，別人肯定我，因為有別人的肯定我就更有自信，我有自信的同時，自信卻可以讓我忘記我的缺點，因為我覺得自己活得有價值，我不是這個社會的米蟲，而我以不同的樣子（身障者）出現在這個地球上，是要豐富這個地球，若每個人都一樣就沒有特色了，所以我並不是異類，而是特別的。

如果要說嚴格些，若我們有埋怨的時間，怎麼沒有時間繼續尋找向前的路，因為埋怨不但沒有機會向前，說不定會走倒退的路，而向前至少也許還有機會。

和好鄰居基金會的董事長及董事們有一、兩次一起吃飯的機會，我看到大家親切的一面，雖然大家都是大老闆，但是大家都很關心我這年紀輕輕的女孩，當初真的是要以女孩來形容我，而才兩年的光陰，我的思考及想法都

成熟多了，而這也都是要感謝大家。

　　大家在我懵懵懂懂時給了我一個機會，讓我的眼界開闊了許多，在我慢慢成長後，大家又繼續給我機會，讓我有機會在眾人前發表我的學習成果，而第一次面對電視媒體的我，其實我的內心是非常的緊張的，但是大家一路的支持我，我慢慢的學會臨場的反應及慢慢不再怯場，這對我將來的一生將會有很大的影響。

　　而我也希望可以把自己所學的貢獻給這個社會。

感謝我的阿姨

　　還記得，小時候寒假暑假都是我最快樂的時光，因為我可以到台北去旅行，而每每一到台北，我就不想要回家，總是拖延到假期的最後一天才心不甘情不願的回家，所以我也是有無數趕飛機，擠火車、擠客運的經驗呢！

　　當時我的朋友總是很羨慕我到台北有親戚照顧我，而這我就要感謝我的阿姨願意收留我。

　　因為我先天的小小缺陷，阿姨從我小時候就一直提醒我的母親，要對我特別照顧及特別關心，因為阿姨認為若心靈可以健全的成長，將來才不會成為問題學生，心態才會健全，也才有辦法融入這個社會，看來我的成形並不是三兩下就定型的，而是經過太多人的苦心塑造。

　　阿姨知道我個性上的弱點，也就是我常常遇到困難就會退縮，還有我曾經是很膽小的，舉個例有時候，我到一些政府機關去辦一些需要的資料及文件，由於我準備的資料不齊全，而對方的要求我又聽不懂，我都不好意思再問一次，然後就回家請家裡的大人一同前往，阿姨知道了我的個性後，常常給我機會教育，為了訓練我的膽量，大家都是用心良苦，不管到了哪兒，只要有發問的機會，全部都交給我，有時候我根本就沒有問，就自己編一個答案回答家人，結果常常被發現，而這時我就又會裝傻。

　　我的阿姨為了讓我的視野更加的寬廣，　因為她也有些

社會的地位，她總是帶我見識一些大場面，而常常在大場面中，我會很害羞，我會發現自己好多面都還不是學習的很踏實，看到一些大人物演講時的穩健，看看自己連走在人群中都會不好意思，仔細想想那是自己心態的問題，自己也會意識到若自己不改變，將來是無法在社會上立足的。

阿姨常常會安排一些娛樂活動讓我前去參加，如同一同去游泳，一同出去旅行，阿姨的游泳技術比我好很多，我雖然是會游，但是我本身就對水有些恐懼感，而阿姨就一步一步慢慢的從基礎重新指導我，又我那才七歲的小表弟的游泳技術更是好了，所以我就在他們的薰陶之下，慢慢的進步。

說說我可愛的小表弟文立，他雖然年紀輕輕，卻非常懂得禮貌，他總是讓我覺得很窩心，有時我身體不舒服，他都會走到我床的旁邊，問姐姐會不會冷，要不要棉被，我問他那你會不會冷，他就說不會，因為姐姐感冒了所以才會冷。又常常學校有說話課，有演講課時，或是作文課，甚至填家庭基本資料時，他都會把我也一起填上去，導師常常問阿姨，您們家還有一個姐姐嗎？這時阿姨就會笑一笑，那是表姐。

慢慢的，我變成青少女的時候，還記得當時台北的西門町相當的繁榮，阿姨總是帶著我在第一時間，趕著時代的流行，因為阿姨希望我這個年輕人有動力及活力。而在台北出門通常大家都不會想要開車，因為出門只有「塞」一個字，但是阿姨為了保護我的腳，因為我脫臼的腳無法走遠，所以不管如何的塞，阿姨總是把車子開到目的地的

前面，我才下車，然後她才一個人去找停車位，阿姨真的很細心的照顧我。

因為我長得有點矮，所以很難買衣服，我很愛穿牛仔褲，因為我愛方便，應該是說我有點兒懶，但是我穿褲子時，我身體的缺點正好一覽無遺，因為我的髖關節脫臼，所以髖關節部份的突出會特別的明顯，穿褲子和穿裙子的感覺會差很多。而阿姨每每出門逛街都是在看我的衣服，她希望可以把我打扮得漂亮一點，但是粗魯的我每每看到裙子就想要逃跑，不過在阿姨的遊說之下，我慢慢的穿起裙子，然而仍然只限於重要的場合。

還記得國小時，有一次阿姨問我要不要去洗溫泉，我根本不知道什麼是溫泉，到了溫泉區，分成兩邊，一邊是男生，一邊是女生，再走進去更是驚訝了，大家光著身子，雖然說大家都是女生，但是這可是我第一次讓家人以外的人看光我的身子，我躲躲又閃閃的，整個臉都紅了，看看身旁的小朋友，大家都比我還要大方，是不是我這個鄉下人太俗了些，我竟然裝起大方及正經，這一次又一次的經驗，我想都是我日後在面對人群時不會害怕及害羞的原因吧！

我畢業後，一刻都沒有等待，畢業典禮一結束，馬上坐上火車往台北的路，我開始在台北找工作，一個小女生，剛開始如何適應台北的生活，又如何融入台北的大環境，這都是靠阿姨的幫忙，首先阿姨和我一起整理履歷表，接著寄出履歷表等待回覆，只要回覆一來，阿姨總是會陪同我一起去面試，當然阿姨並沒有一起進去接受面

試，而是阿姨會先以自己的經驗來看看此公司是不是正派的經營，阿姨的判斷下，如果ok，接下來就靠我自己的努力了，有不少次阿姨幫我擋掉危險的可疑公司，也就是大門深鎖，進入公司都要按門鈴，且又座落在風化區，很明顯的可以看出不太正常，但是我常想，如果當年思想單純又沒有經驗的我，也許根本看不出有什麼異狀，所以真的要感謝阿姨的費心。

我在十八歲取得汽車駕駛執照時，第一次開車就是阿姨陪伴我的，因為我可愛的母親比較沒有膽子，所以她不敢坐我開的車，而當我拜託阿姨坐我旁邊教我開車時，阿姨一口就答應了，那是我第一次練習，也是為後來的駕駛路奠定基礎的開始。

感恩一路走來大家的幫忙及照顧，因為有您們讓我的生活更加的豐富。

感謝河村宏、河村愛

　　河村先生一家人真的非常優秀，爸爸和媽媽以及女兒都是日本最好的大學東京大學畢業的，而兒子也是日本第二好的大學京都大學畢業的，大家的氣質都相當的好，不只是外表的氣質好，大家的心地也都相當的好，讓我覺得非常的佩服及感動。

　　第一次和河村先生見面是2002年八月到日本研修的那時，第一次見面並沒有和河村先生有進一步交談的機會，印象中只記得大家都稱呼他河村老師。

　　真正和河村老師比較熟是2003年的二月中，一個偶然的機會，在得到河村老師的同意，我和他們一起到日本的日光去觀光及見習，真的是太巧了，那時我正好在找公寓，而河村老師家的一樓有間房間是空的，隔天我到他家去看了一下，就決定搬到那裡去住了。

圖中的女生為好朋友河村愛，男生為好朋友春日。

　　然而第一次是河村老師帶我到他家的，所以我沒有特別去記住路，等到真的要搬過去時，我只有住址，正當我擔心著如何到河村老師家的同時，河村老師傳來了一封E-mail，那封mail上面有非常詳細的地圖。

　　我搬到老師家的隔天，老師由於出國人並不在日本國內，於是老師的女兒河村愛小姐帶我去認識附近的環境，我們先一起吃早餐，接著愛小姐帶我去認識環境，當天晚上愛小姐為了怕我一個人寂寞無聊，於是把她自己的CD唱片及CD錄音機借給我。

　　河村一家人都把我當成他們的一份子看待，星期六、日，有時他們的家庭聚會，大家一起出門用餐，總是少不了我，他們最常帶我去吃我最喜歡吃的生魚片和壽司。

　　由於我跟著河村老師學習daisy，正好2003年八月在泰國有個daisy講師訓練營，河村老師於是問我要不要再更進一步學習，因著河村老師的鼓勵，2003年八月我到泰國去訓練了一個星期。

　　到現在我都還覺得挺有趣的，我一到泰國後，就有個阿拉伯人來接機，為什麼我知道他是阿拉伯是因為他用英文告訴我的，我那時一直覺得很奇怪，因為我根本不知道有人會來接機，我知道自己飯店的名稱，我以為要自己坐計程車進去，而接機的人不知道我的名字，只知道我坐在輪椅上，總知我也分不清楚正確與否就坐上那個前來接機的阿拉伯人的車上，而回程時又是不知名的人在飯店門口等我，不過我都平平安安的回到家了，所以我感謝老天爺對我的照顧及安排。

　　我和河村愛小姐變成很要好的朋友，每每我遇到困難時，她總是會撥空出來和我聊聊天，有時候心情的低落其實並沒有解決的方法，和朋友出去喝喝茶聊聊天有時就會恢復的。

　　河村老師對我的栽培才有今天上台講話時不再害羞的我，他給我許多的機會，我並不是每一次都表現的很好，但是一次又一次，我慢慢的熟能生巧，而在我失敗時他也不會責備我，取而代之的是永遠的支持及鼓勵。

　　還記得在日本時，有一回我被欺負了，我寫了一封E-mail給河村老師，我先說明一下，和河村老師最好的聯絡方式是E-mail，因為老師人不一定在日本，他通常一年有半年以上都不在日本，而老師會一直帶著電腦，且走到哪兒都會收E-mail，所以和老師最好的聯絡管道是E-mail。

　　那一回我被欺負時，老師人在美國，他馬上回了我一封mail，他的內容字字句句都在鼓勵我，他告訴我人生中每個人都有失意的時候，不要將失意看得太重，相反的輕輕帶過人生的失意，不要停下往自己目標前進的腳步。河村老師的每一句話我都牢記在心中，每每我遇到挫折時，我都會想起還有那麼多人在支持我、鼓勵我。

　　河村老師一家人成為我精神的支柱，不管我人到哪兒，只要一空下來我就會寫mail向他們報告我的近況，而他們也都會和我分享他們的近況，雖然我生在台灣，也在台灣長大，雖然他們生在日本，也在日本長大，但是我們卻像是一家人般。

　　他們的待人處事，讓我相當的佩服，有時候我都覺得

自己還做不到像他們般，他們家人的心胸真的很寬大，為什麼說有時候我都覺得自己還做不到像他們般，我覺得人都是有自私的心，也就是為自己好，有著要為自己爭取權利的心，但是每每看到河村老師為其他人的付出，我常常在想，那他一定少了很多時間照顧家人，果然在我尋問他的女兒之下，他的女兒說的確他的爸爸很少有時間照顧家人，但是他們都支持爸爸，因為他們知道爸爸是在為這一個社會付出，所以這是大愛。

這又讓我想起長輩不是常常教我們，要照顧別人之前，先把自己照顧好，自己都照顧不好了，怎麼照顧別人，對了，曾經有個電視廣告，要刮別人的鬍子，要先把自己的刮乾淨。後來又想了想，其實河村老師在小孩都還小的時候，很用心的栽培小孩，現在他的小孩個個都有成就，也都長大成人了，他認為他們都有自己管理自己的能力的同時，他走出家庭，為這個社會貢獻，他並不是沒有管好自己，他把自己的部份，自己的家庭都管理好後，有多餘的餘力，他為這個社會付出，每每看到他，總是勉勵著我，我長大也要和河村老師一樣，在我有能力後，我要幫助更多需要幫助的人，我要指引那些在人生道路上迷失方向的年輕人，我更要鼓勵和我一樣身體有缺陷的朋友們，勇敢的走出來，當我們勇敢的走出來，當我們站穩了腳步，那小小的缺陷將不再重要。

感謝京極先生

　　2002年八月一個人隻身赴日本研修殘障福利，常常無助到不知道下一步要往哪兒走，那種無助加上寂寞、又加上遇到不知如何解決的困難同時一同侵入我的生活，那好比世界末日，剛開始在日本又完全沒有朋友的我，偶然的機會下，遇到了京極先生，在京極先生的照顧下，慢慢的我站穩了腳步。

　　而和京極先生的認識是因為現在的先生的關係，他們都是滑雪的教練，而他們都是屬於義工性質。京極先生和我的先生不太一樣，京極先生非常的風趣，他的個性很開朗，只要有他的地方，就有歡笑聲，他不拘小細節，為人大方。而我的先生是一板一眼的人，一就是一，二就是

和京極先生於台灣慶祝他的生日。

二，由於先生又是學理工科的，所以他的腦筋總是很直，而且先生一點都不會浪漫。常常我們三個人一起去吃飯，京極先生看看我先生，再看看我，京極先生就會用很奇妙的眼神看著我然後問我，到底喜歡我先生的哪個部份？說帥不帥，說浪漫不浪漫，到底是哪兒好？

其實在戀愛時，當然是越帥越好，越浪漫越好，但是若談起婚姻，要越真實越好，越實在越好，因為婚姻是日常生活，浪漫終究要屈服於柴米油鹽的，而實在的人，才是最可依靠的，也許這就是我為什麼選擇現在這個先生的原因。

從完全不會日文開始學習的我，剛開始和京極先生總是無法溝通，而他總是先用日文慢慢的講一次，再翻譯成英文一次和我一步一步慢慢的溝通。

我在日本研修的一年期間，週末的休息時間，幾乎是京極先生帶我出去旅行，有時到迪斯奈，有時一起去烤肉，有時一起去賞花，有時一同去逛街。京極先生相當的喜歡迪斯奈樂園，根據我所知，他的女兒們小時候，他們幾乎每個星期日都去一次，一年下來合計去超過三十次，到目前為止去過的次數已經超過二百次，他們家庭的人對迪斯奈樂園的每一個景點都如數家珍般，詳細到不可再詳細了。他的女兒芳美小姐也立志要到迪斯奈樂園打工，而她現在就正在迪斯奈樂園打工了。

我遇到困難時，他總是第一時間趕來安慰我，他常常教我唱日本的老歌，而每每聽他唱起日本的老歌我總是有種很親切的感覺，因為同樣的曲調，在台灣也有這樣的一

首歌,只不過一個是日文的歌詞,一個是中文的歌詞。

我們也常常一起去滑雪,不過我不是站著滑雪,因為我的腳的關係,我都是坐著滑,而京極先生總在後面輔導我,還一邊滑一邊唱歌給我聽。

先大概介紹一下,日本的紙鈔分成一萬元,五千元,二千元和一千元四種,二千元不太通用的樣子,因為很少看到,即使去提款機提款,提款機上面常會寫著本提款機不供應二千元紙鈔。

又五千元的紙鈔和二千元長得有點類似,還記得有一次和京極先生去吃飯,總共是四千元日幣,付一萬元日幣應該是找六千元日幣,在日本通常店員在找錢給您時,都會和您一起數錢,也就是一張一張在您面前數給您看,當天京極先生付錢,他和店員一起數好六千元放入自己的皮包,回到家後芳美小姐(京極先生的女兒)向爸爸索取學校要繳的活動費五千元,京極先生於是拿出剛剛的五千元交給自己的女兒,這時女兒跟爸爸說少了三千元,忽然間京極先生發現自己錯把二千元看成五千元。

由於我無法走遠路,所以每每出遠門京極先生總是會幫我推輪椅,有一回我站起來坐在椅子上吃飯,京極先生想要坐輪椅體驗一下,其實是想要玩一玩,他就自己用手搖輪椅兩邊的輪子,繞了廣場一圈,後來他實在是太累了,就站了起來,忽然間大家看著他,他自己都覺得很不好意思,於是他就大喊了一聲,我是在體驗坐輪椅的日子,旁邊的路人也哈哈大笑,京極先生也哈哈大笑。

同樣是輪椅的故事,有一回和幾個坐輪椅的朋友出去

旅行，京極先生幫另一個小男孩推輪椅，推著推著京極先生就站到輪椅上面，當然輪椅就翻跟斗了，那個小男孩正在喝汽水，汽水就正好打翻在京極先生的身上，他天生樂觀的個性，還是笑一笑就過去了。

京極先生是個很有愛心的人，他常常帶著盲胞去爬山，他最常說，早上是我的眼睛在帶路，但是到了晚上，即使我有眼睛也看不到了，因為眼前是黑漆漆的一片，他說盲胞的方向感很好，所以一到晚上就變成是盲胞在幫忙他，京極先生說自己根本就不覺得在幫忙別人，相對的大家都是朋友，您幫我我幫您。

感謝一路來照顧我的人

　　首先感謝我的母親辛苦的把我生下來，過去傳統的社會，重男輕女，漸漸成了理所當然，因為女孩是要嫁出去的，是養給別人的，而男孩是要留在家裡照顧父母的。我不認同講這個論點的家長，當然我的家長並沒有這樣的觀念，所以他們對我和對我哥哥是一樣的好，甚至他們對我比較好，但是人通常是生在福中不知福，好還想要再更好，所以我常常以您們對哥哥比較好這樣的一句話，從雞蛋中挑骨頭，我的父母就常常不知所措。後來漸漸長大懂事後，我發現其實不是只有我會這樣，我看到很多小朋友也常會指責母親對哥哥或弟弟比較好，指責父親對姐姐或妹妹比較好，其實這是一種很微妙的感情及錯覺，又或也許它真的有些許的部份是存在的，但是手心手臂都是自己的肉，我想是不會差太多的。

　　小時候的我，總是會和母親斤斤計較，哥哥多吃一顆草莓也不行，哥哥的蘋果大了一點也不行，做母親的真是難為，因為有個事事講求公平的女兒，而那相對的對母親會是個麻煩，長大後去回想，其實站在母親的立場，男孩女孩都是她辛苦從肚子懷胎十個月生出來的，而哥哥的蘋果大一些，草莓多了一顆是因為哥哥的胃大了些。小時候的計較，現在想起來真是沒有意義，然而唯一有意義的是，它為我童年留下些許的回憶。

　　還記得，後來我都分到均等的食物，而明明我就是吃不完，所以我一餐都要吃上二個小時，現在我婆婆有時都會說，大家都吃飽了，也都散步了一圈回來了，大小姐還在吃耶。而我一餐要吃很長的時間是小時候養成的，其實不是我真的吃飯的速度慢到離譜，而是我必須要在家人都離開飯桌時，再努力的思考如何處置那些吃不完的食物，因為我不能自己打自己的嘴巴啊，因為我一直要求對哥哥和我要平等，所以食物也要均等，而我真的實現了食物均等的同時，我卻又要為吃不完的食物負責，所以我常把食物丟到垃圾桶，而又不能光明正大的丟掉，所以要幫食物想個適當的位子藏起來，而生我者知我心，我的家長總是知道我把食物丟掉，常常因此而挨罵。

　　童年大半的時間都在鄉下和外公外婆一起渡過，外公已在遙遠的他方，到現在每每看到歲月在外婆臉上留下的記號，內心總是有無限的感嘆，有時我倆一起回憶起過去，想起那英俊又大方的外公，外婆的眼眶總會紅紅的，那時我內心也是會好疼。記憶中以及聽大人們回憶起時所描述的外公，他是個為人大方的老先生，有趣的是，他自己也不是有錢，但是家鄉附近的老人都把錢拿來寄放給他，外公只要看A老人比較貧窮，就會給A老人些許利息，算是幫忙他。也許我有遺傳到外公，在學期間我常常當總務股長，但是我這個總務股長卻常常把錢拿丟了，還要自己倒貼。

　　我是外公外婆照顧長大的，還記得外婆知道我患有雙腳脫臼障礙的同時，她帶我去廟裡拜拜，我也沒有弄

清楚什麼是什麼的同時，一位穿著全身黃色的仙姑摸摸我的腳，然後就發出很奇怪的怪聲，接下來就說，今年的十月的早上起床腳就會自然好了，期待著十月的到來，那天起個大早，照著鏡子，看看自己走路的模樣，一點都沒有變，我有些失望，但是為了不讓外婆難過，我就假裝什麼事也沒有發生，我們誰也沒有再提起當年的事。

從小我就有著很善解人意的心，也許是老天爺賦予我的特質，只要可以幫忙別人，我都儘量的幫忙，我一直是個不服輸的人，但是在和別人競爭的同時，我絕對以不傷害別人為原則，因為我深信把別人踩在腳下的成功，是無法長久的，相對的，在互相禮讓中取得自己應得的成功，絕對可以長長久久。

我漸漸的長大了，離開了外公外婆回到了自己的家，因為我已經到了學齡了，在求學的過程中，並不是所有的老師都很照顧我，也是有對我特別嚴格，而那嚴格又有一點沒有道理，現在想起來，還是不知道是為我好，或是故意找我麻煩，但是我都默默的承受，把阻力當成助力，把助力加倍來努力。

第一次知道要感謝老師是在國小二年級時，有天我的級任老師把我叫到她的面前，小小聲的問我：「你的腳怎麼了，怎麼走起路來搖搖晃晃的？」當老師知道我的情形時，立刻指派班上一個正好住在我家附近，也發育良好的女同學上放學時幫我拿書包，感謝老師的細心，也感謝那幫我拿書包的同學，您們都沒有求回報的付出，也同時在我心中種下為別人付出的小種子，我告訴自己，將來有能

力要幫助更多的人來回報曾經照顧我的人。

　　事隔多年，我會騎機車了，無意間來到那回憶中的巷子，那應該是老師的家，但是那條老巷已經擴寬，找不到過去那我記憶中古老的建築了，我親愛的老師到底現在在哪兒？記憶中，那時老師快要五十歲，所以推算起來老師應該已經退休了，雖然沒有緣再找到老師，但是我永遠記得您的尊尊教誨，感謝您影響了我一生。

我的滑雪同伴們。

感謝生命中的朋友

　　一路走來，有太多人支持著我，中學時期正值青春期，那時最重要的我想就是外表了，因為同齡朋友間的對話永遠離不開那女生好美麗，那男生好帥，而那時的我還沒有完全對自己很有自信，所以我總是會不好意思，也會比較刻意去避開戀愛……等等的話題。但是並不是避開了就沒有事，有時候明明我刻意逃開現場了，朋友還是會跟在後面說：「不要逃避現實問題了，難道妳打算一生都不嫁人嗎？」

　　我想要說，其實這就是成長過程，在某一個成長的階段，我們就會對於某些事物有興趣，簡單的說，嬰兒時期我們可能都有自己最愛的枕頭及棉被，離開了那自己專屬的枕頭可能就整夜無法睡好，漸漸的我們轉移了注意力，玩具成為我們童年不可缺少的，小女孩可能愛芭比娃娃，天天還得幫芭比娃娃洗澡，餵芭比娃娃吃飯，而小男孩可能愛機器人或汽車，他們的注意力也是離不開自己的機器人，他們覺得機器人是要來拯救這個地球，時光一晃，那些玩具都已經再也引起不了男孩女孩的興趣了，女孩開始看到男孩會臉紅，男孩也常常躲在樹的後面，偷偷欣賞自己喜歡的女孩。

　　而這就是成長過程，只是我特別的想去逃避掉青春期的那一段時期，但是大環境讓我無法逃避，我不可能不要

交朋友，我不可能離群索居，所以我要學著去面對。

一個非常偶然的機會下，一個大我約15歲的姐姐意外的出現在我的生命中，她的個性大方，非常的直率，也可以說她相當的直接，她認為對的，她總是很大方的去執行，即使旁人都以異樣的眼光來看她，她仍然是我行我素。而和她的相識也是非常的巧合，我想那又是老天爺有心的安排，有一次我到台中去旅行，因為我的腳無法走遠路，所以我就坐下來喝熱可可亞，那天位子都是客滿的，我只好問她：「我可以和她一起坐嗎？」我們就這樣聊起天了，她是高雄人正好在台南工作，而我是台南人正打算要到高雄就學，這實在是太巧了，後來我們有好多的機會見面，有時相約在高雄，有時相約在台南。

我們常常一起出去旅行，面對著海，我倆訴說著自己的過去。姐姐要我把自己的煩惱大聲的喊出來，面對著大海，最剛開始我小小聲的說出自己的煩惱，姐姐馬上說：連坐在旁邊的我都聽不到您的聲音了，這樣是不能達到紓解壓力的效果的。我慢慢的加大吶喊聲，第一次覺得好像把心理的垃圾都倒向大海般的輕鬆。

第一次很坦率的表達出自己其實對自己缺乏自信心，那曾經仍然是非常羞澀的我，在姐姐的帶領下，慢慢的我的視野變寬了，我的朋友也變多了。在姐姐的身上，我將自己所缺乏的特質補足，而姐姐說她也從我身上學到天真樸實的一面，所以我們算是教學相長。

還記得，因為從小醫師就有吩咐我不可以喝可樂和咖啡，因為我的腳的骨頭已經沒有長得很完全了，如果又喝

咖啡和可樂，鈣質的流失會更快，所以我一直都乖乖的記住醫師的吩咐，一直到認識那姐姐後，我是第一次正式聞到，也是第一次知道原來咖啡是那麼香濃，天天喝咖啡的人可能就沒有什麼特別的感覺，可是對於我這個完全不喝咖啡的人，卻有種特殊的感動。

現在我最喜歡到咖啡館坐上一整天，但是為了自己身體著想，我還是保持著只聞不喝的習慣，所以我總是點熱亞亞，一邊喝著熱亞亞，一邊聞著咖啡香，想像著自己正喝著咖啡，那種感覺真的好幸福。

參加朋友學校的園遊會。

接著要感謝我加拿大的朋友白瑪麗小姐，一個偶然的機會，認識了加拿大的朋友白瑪麗小姐，最剛開始我是被她的氣質所吸引，我一個一百四十公分的女生，和一個身

高一百六十多公分又相當有氣質的人站在一起，我心中好
羨慕，好希望自己可以變成她。我們變成很要好的朋友，
只要我有困難她都會伸出援手來幫忙我，我們不常見面，
但是我們的心卻是一直在一起。

有時我對自己沒有信心時，她都會鼓勵我。二年多以
前我有一個英文的面試，她就是最大的功臣，她幫我把錯
誤的文法改正後，又和我一起討論要如何讓那文章更好，
謝謝她對我的幫忙。

2004年我在日本的結婚典禮，她也趕到日本為我祝
賀，當時的我內心真的很感動。她是心胸非常寬大的女
生，只求對別人的付出，而不求回報，在我的心中，她永
遠是我的好朋友。

感謝哥哥

　　我有一個大我約四歲的哥哥，從小他就長得挺清秀的，所以常常有人問我，妳哥哥長得挺帥的，為什麼妳長得不怎麼出色，真是氣死我了。並不是這樣一回事，只是我這個人比較愛輕鬆，所以我通常都不打扮，穿件T恤和牛仔褲就出門了，其實我只要打扮一下，就不難發現我們倆是兄妹，甚至於我更清秀呢！

　　人家常說，不會吵架的就不是兄弟姐妹，我和我哥哥也是一路吵到長大，忽然有一天，我發現我們不再吵架了，原來我倆都長大了，回想過去總覺得挺有意思的。不過其實不論是小時候，或是現在，我都比我哥哥強勢，因為我有與生俱來的兇，算是有點霸道，但是只限於對家人，我對外人可是非常有禮貌的。有人問我是不是有雙重性格，其實也不是，只是我知道家人是可以撒嬌的，這就是家人的好處。

哥哥幫我唸我寫的信給父母親聽。

99

　　小時候，我常常在闖了禍後，來到哥哥的房間，問哥哥怎麼辦，要怎麼解決呢？這時我的哥哥通常都回答的很妙：「妳問我，我如果知道我就可以當神仙來幫人算命了，自己闖的禍只有自己能解決，妳都知道怎麼闖禍了，怎麼會不知道怎麼把禍解決呢？」

　　想一想，的確很有道理，通常闖禍的同時，我都知道這樣做等會被父母發現一定會挨罵的，那我有闖禍的勇氣，當然也要有事後挨罵的勇氣。我的父母再怎麼生氣，都不會真的打我，我記憶中還沒有真的挨打過。

　　我的哥哥通常都有自己的想法，而哥哥是個很獨立的人，所以他也希望我可以和他一樣很獨立。看到現在的我，絕對沒有人知道我小時候其實是很依賴的，在此想要告訴身心障礙的朋友，也許有很多事您們無法一個人完成，而必須依靠別人的幫忙，但是只要自己做的到的事情自己做，都算是獨立。

　　小時候，曾經有一段時間我很怕小偷，或者是很怕魔鬼，我自己也搞不清楚，總之一到晚上，天黑了我就會害怕，而我沒有姐姐或妹妹，所以我是自己一個人一個房間，通常到了半夜，我會等哥哥睡著後偷偷潛入他的房間，然後睡在他的身旁，有一兩次，哥哥半夜醒來時，被我嚇得半死，哥哥說，鬼不可怕，人嚇人才真的會嚇死人，回憶中我嚇過我的哥哥，還有我的父母，還有更廣及我的阿姨們。

　　長大後，我還是不改小時候愛輕鬆的本性，依然是牛仔褲加T恤，這時我親愛的哥哥已經看不下去了，他說如果

我不是妳哥哥，我是一般和妳並不相識的男生，即使妳再有才華，我都不會欣賞妳的，在這同時，哥哥提醒我，人的外表也是很重要的，但是一直以來都是輕便打扮的我，根本不知道怎麼打扮自己，到目前為止，除了一些重要場合，前提是有要求一定要化妝的，而對方又會負責幫我化妝的，除此之外我從來沒有化過妝，我也從來沒有用過化妝品。因為哥哥是男生，所以他也不知道要怎麼化妝，化妝的部份跳過，在穿著上我的哥哥可是花了不少時間來教我，但是並沒有達到皇天不負苦人心的效果，相反的我們發現了，因為我的髖關節脫臼，所以骨盤有些突出，上半身是很好買，下半身真的是難上加難，有好一陣子我們倆都很灰心，不過後來我們一起找出大約的型（style），只是懶惰的我，久而久之又忘了要打扮了。

現在我哥哥可像是我的諮商師，每每我遇到困難時，我總是會寫寫E-mail問他，（我比較喜歡用文字來表達我的感覺，我總是覺得文字比較能表達出我內心的話），而我哥哥通常不會給我一個很明確的答案，而是會給我幾個他認為的觀點及方向，最後他總是會告訴我，決定權在妳，要負責任的人也是妳，妳自己決定吧！

這對我日後影響非常大，我做什麼事都是自己來選擇自己來負責。而有時朋友來尋問我的意見時，我通常也都不會明確的回答，只會給個大概的意見，有時候朋友會覺得我沒有誠意，朋友會覺得我自己都可以做到某個程度，為什麼不給他們意見，而我只想要說，自己的人生自己決定，惟有自己選擇的才會自己負責，若是我幫您做了決

定，失敗時您們會把責任推給我。

有個意見想要提供給身心障礙的朋友們，也許對您們而言，您們會有很多別人絕對無法體會到的感覺及別人無法體驗的經驗，這時您們可以把它寫下來，以不同的型式和大家分享，不管是以書，或是短篇的文稿在報紙上刊載，或是做成自己成長的日記，都是非常有價值及意義的。

感謝我的哥哥，給我一些很正面的影響，哥哥您也還年輕，將來的人生路還很長，如同您在鼓勵我般，您也要好好加油，我祝福您。

感謝我的先生

　　我真的很感謝我的先生，其實剛遇到我先生時，對他的第一個印象很不好，雖然他是日本人，但他一點都不像日劇中的帥哥一樣帥，身高是有達到我的要求，因為我本身身高不高，應該是說有點矮，不不，是很矮，所以我理想的先生至少要有一百七十公分。

　　印象中，他又抽煙又喝酒，對他而言這樣的生活是再正常不過了，那時我基於朋友的立場勸他煙少抽點，酒少喝點，才不會傷害到身體的健康，他只是笑笑，而當時我們的關係也僅只於止。

　　結婚了，在婚姻關係之下，還必須包括和他家人的相處，曾經和婆婆一起住了一陣子，由於先生工作調動的關係，我們搬離開了家，現在只有我們兩個人一起住，星期六、日及國定假日只要有空，我們都會特別開車回家看婆婆，這趟回家路並不近，但是我們都基於媽媽只有一個，婆婆只有一個的心態，再辛苦我們都會努力的回去探望她老人家。

　　剛開始由於婆婆一時並不接受我這個媳婦，所以對我的態度有時不是很好，而這時先生都會出來主持公道，先生通常都是站在我的立場，先生通常都是支持我的，忽然有一回我覺得先生實在對婆婆太兇了，這樣的態度是不對的，於是我和先生溝通，後來才知道原來先生的出發點是

103

為了我好，先生說因為我是台灣人，要在日本這樣一個完全不同的環境下生存，學習和適應是很重要的，一步登天是不可能的，所以再多的要求，如果不給時間是無法做到的，相對的如果只是一直給壓力，有一天會產生倦怠感，而放棄這一段婚姻，而先生又說了，如果他也兇我，那我在他們家就會完全沒有任何的地位，會被欺負的，而如果他凡事站在我這邊，久而久之我在他們家也會慢慢有地位，而我就會慢慢產生自信心及努力的動力，所以先生是為了長遠的未來而著想的，感謝他凡事想得周到。

　　姑且不論先生的作法是對或是不對，但是有件事卻為這個作法做了一個印證，剛開始我嫁到先生家時，他的妹妹相當的反對，先是因為國籍而反對，二是因為我們年紀相差太多而反對，再來是因為我是身心障礙者而反對。但是先生對我的態度卻是完全沒有改變，在家人的面前他凡事都讓我做主，久而久之，從他的妹妹到他的母親都變得很尊重我，但是我並不會因為她們尊重我而得意忘形，我還是得遵守著自己的本份，所以大家都越來越信任我這個台灣媳婦，也都越來越疼我了。

　　我有個台灣的朋友，和我同樣在2004年六月嫁到日本，每每和她出去

和先生攝於台灣高雄。

喝咖啡聊天時，總是看她愁眉苦臉，有一回她向我透露了她的心事，她說自己很像高級的台傭，為什麼是台傭又是高級的呢？因為先生家的人對他呼來喚去的，家裡髒了找她打掃，家裡的雜事全部分配給她做，但是由於她是家裡的一份子，所以出門時也是必須要打扮得漂漂亮亮才不會讓家人沒面子，所以她固定一段時間就會領到一筆高金額的薪水，而薪水大多花在買衣服購物上，出門有高級賓士車坐，看起來挺高級的，但是私底下卻不是這樣一回事，先生也是對她呼來喚去的，一點都沒有把她當成妻子來看待，一個漂亮的女子，在異鄉卻是受到如此的待遇，我相信以她的外表，在台灣一定可以嫁到更好的環境中。

看到她的情景，我不禁回想自己，我的身高少了她三十公分，我的體重和她差不多，大家可以想像這比例，我身體還有小小的缺陷，有時先生還得幫忙我推輪椅，同樣是嫁到日本，為什麼我們會有不同的際遇，我想遇到對的人是很重要的一件事，感謝老天爺賜給我一個很照顧我的先生。

在家裡，我完全不會覺得自己是個高級台傭，這並不是代表我完全不用做家事，屬於我本份內的工作我還是都會做好，在家裡我覺得自己很受到尊重，常常一家人一起上館子，當要決定吃什麼時，婆婆總是說看先生的意見，而先生總是說看我的意見，所以我通常是最後做決定的人。

因為我腳不方便走遠路，所以若有自己的車子會很方便，先生完全尊重我的意見，買了我喜歡的車子給我，包

括顏色都是我最喜歡的科技代表色，銀色。

冬季又快要到了，回想過去是因為滑雪而認識先生的，因為我從台灣來到日本之前，完全沒有滑過雪，所以我當然沒有個人的滑雪用具，當時的滑雪用具都是到滑雪場才租的，2004年先生幫我買了所有滑雪需要的用具，也許大家會覺得，先生好像都以物質來換取我的心，其實並不是這樣的，而是他總是先想到我需要什麼，然後再決定要將所賺的多少拿出，一方面要想到生活的家計，一方面又要顧及我的生活所需及休閒，我可以看得出來他的用心。

他決定娶我的同時，他知道我身體小小的缺陷，而他並不在意，但是他的家人曾經多次的勸阻他，如同我的家人勸阻我一樣，他的家人另一個顧慮是，我的腳這樣子，我可以生小孩嗎？看似很現實的問題，其實是一個很實際的問題，一個家庭若沒有小孩，好像永遠都會感覺到缺乏了些什麼。老實說，這也是很多身心障礙朋友會擔心的，我們擔心的不光是，能不能生出小孩，我們還擔心說小孩會不會遺傳到自己，若是先生和太太都是身心障礙者，這樣壓力就會比較小，但是若一方是正常的，另一方是身障者，此時身障者的這一方就要承受所有的責任。

我先生是四肢健全，而我的先天性髖關節脫臼就醫生所言，並不會遺傳，所以我應該是可以放心，然而面對來自多方面的懷疑，我也慢慢懷疑起自己了，每每走在路上，看到母親推著娃娃車，看到那一個個健康的寶寶，我都好羨慕，我內心也祈求若自己能有小孩，自己的小孩也能健健康康、平平安安。

　　我要謝謝我的先生，他已經不年輕了，我知道他很希望可以擁有自己的小孩，但是他從來不會給我壓力，讓我可以輕鬆的過生活。

　　我先生在娶我之前就知道我不會燒飯煮菜，也從來沒有做過家事，剛開始來到先生家時，衣服是先生洗，飯是婆婆煮，大家都很包容我，家事是先生和婆婆一起做，他們在做的過程都耐心的慢慢的教導我，慢慢的，我也學會做幾道菜，慢慢的我也開始承擔起家裡的一些責任。

　　親愛的先生，您讓我感覺到這個家需要我，我的存在是有意義的，每每我問您，若有一天太太不見了，您會怎麼辦？他說他會先到台灣來尋人，若找不到，他會到瑞士去尋人，因為我好喜歡瑞士的環境及感覺。他常常和我開玩笑，他說：「我有信心妳絕對不會跑掉的，因為妳跑掉了就再也找不到如此棒的老公了。」

　　也許大家會認為我是運氣好，所以找到好老公，其實也並不全是如此，這之間我也是有相當的努力，我知道自己的本份，我尊重對方的家人，尊重我的婆婆，即使最剛開始大家都不喜歡我，那些無謂的批評我都不回話，而我是台灣人又有一個好處，即使實際上我知道他的家人在批評我，但是我都會裝傻，這個時候就不必太聰明，因為太聰明只會讓先生和家人吵架，讓整個家庭雞犬不寧而已。

　　原則上每個女生都會嫁到不同的家庭，而每個家庭都有他們原先的習慣及相處的方式，所以不要適著去改變別人，而是適著去改變自己的心態，做老公的，也要看看大局，應該要站在老婆的立場時就挺身而出，站在老婆的立

場，不要讓老婆覺得很孤立，而做老婆的也要站在老公的立場去想一想，因為老公畢竟是要最難當的，因為他夾在自己的父母和老婆中間，變成了夾心餅。

　　我的先生常常會站在我的立場來保護我，我要在此感謝他，感謝您我親愛的先生。

感謝大家前來參與我在日本的結婚典禮

結婚典禮時簽下結婚證書時的那一刻。

　　這是我第一次結婚，而此次的結婚典禮也讓我有著無限的回憶，在台灣生活了二十多年，從過去大多在馬路上就辦起了喜宴到現今大家怕麻煩所以慢慢的都移到飯店去舉辦婚宴，但是在我的印象中，婚宴就是要熱鬧，所以通常都是攜家帶眷來參加，而喜氣洋洋加上熱鬧就是台灣婚宴的型式，在台灣我們結婚前通常都會拍婚紗照。

　　由於我先生是日本人，加上日本的婚宴方式和台灣有極大的不同，每當我和先生討論起婚禮的細節時，我總是聽不懂他的說明，而他也總是聽不懂我的說法。

　　有天，我問他：「我們什麼時候拍婚紗照」，他根本就不知道什麼是婚紗照，我開始跟他解釋，我說就是我穿著新娘禮服，你穿西裝，我們倆個一起拍照留念，他有聽

沒有懂，後來我才知道原來日本是不拍婚紗照的，而是在結婚典禮當天拍留念照（雙方親戚的大合照）。

接下來，我們開始找婚禮的場所，我又有新的發現，我發現婚禮和婚宴是分開的，也就是要先有結婚的一個儀式，再有宴客請大家喝喜酒的儀式，不知道是我沒有真正參與過台灣的結婚儀式，還是日本和台灣真的不太一樣。

我們倆個因為著風俗習慣的不同，產生了不少的誤會，像在台灣，在婚宴結束前我們根本無法去預計會有多少人來參加，因為有的家人全部前來祝福，有的卻只來了一個，但是在日本，都是要確定多少人前來參加，而當天的位子及菜也都是有限的，多來的人就沒有食物。

而我不知道這樣的一個規則，所以一直到婚宴的前五天，我都還一直在追加人，一直到先生跟我說，已經來不及了，要拒絕了，我才知道要停止。

2004年十二月十二日，結婚典禮的場面真的很溫馨，許多長輩都前來祝福我們，我的加拿大朋友白瑪麗小姐也來參加，還有兩個台灣的朋友也都前來共襄盛舉。還有我日本岐阜縣的爸爸，媽媽也都千里迢迢的趕到東京銀座參加這一場國際婚姻的婚禮。

大家對我如此的關心及照顧，我日後一定會更加的努力，絕對不可以讓大家失望。

日本結婚典禮的流程和台灣大不相同，在日本要嫁出去的女兒要對自己的父母說一段話，這一段話的內容並沒有硬性的規定，而下篇的文章是我在結婚典禮時給父母的一段話。

結婚典禮時獻給父母的話

親愛的爸爸媽媽：

　　不知道您們此刻的心情如何，把我養到這麼大，您們從來沒有求回報，而今我要嫁人了，由於是國際婚姻，您們從最剛開始的反對到今天答應了這門婚事，我想您們是經過不少的掙扎的。在此我可以感受到父母恩情的偉大。

　　未來我無法做太多的保證，如同二年前我還是個懵懵懂懂的小女孩，因著到日本學習的機會，我離開了家，我成長茁壯，我的思想在這兩年間改變了好多，又二年後的今天我毅然決然的決定嫁到日本，未來也許還有如此多的變數，但是不管怎麼樣，我都會全力以赴的生活，請您們放心。

　　這個先生是我自己選的，他是個很負責任的男生，請爸爸媽媽您們放心的把我交給他，我相信他會好好照顧我，不會讓您們失望的。

　　嫁來日本後，有太多還無法適應的文化及生活習慣，但是我沒有選擇的權利了，因為在我嫁到日本之前，理所當然我就要知道我將來會面臨的問題及困難。

　　剛開始，和婆婆一起住，婆婆是老一輩的日本人，所以她的要求相當的嚴格，老實說從我認識日文到當時大約一年左右的時間，婆婆說日文的速度又是相當的快，她曾經問我，不是學一年了，怎麼還聽不太懂我說的意思，

而我永遠保持著不和長輩頂嘴的做法，所以我沒有回話，雖然我心理是想，我又不是天才，這時我先生開口了，他說：「吳真儀又不是天才，如果是妳，妳學一年就會說中文了嗎？」而婆婆也就無言以對了。

　　婚姻生活慢慢的安定下來後，我希望自己找個打工的工作，因為我知道若是天天都呆在家裡，是行不通的，總是要走出去和別人交流才能更進步，如果都待在家裡，那住在世界的什麼國家都一樣，是不會有新的體驗和進步的。

獻給父母的話。

愛知世界博覽會的面試

不知道大家知不知道，日本將於2005年於日本的愛知縣舉辦世界博覽會，而博覽會的宣言如下摘錄自以下的網頁，內容有些增刪（http://www-1.expo2005.or.jp/tcn/whatexpo/concept.html）。

"愛‧地球博" 宣言：

進入20世紀，迎來的是一個嶄新的地球社會。隨著令人驚奇的科學技術的進步、高速移動通訊手段的發展以及資訊、通信技術的日新月異，在全球範圍內更加速了人、物、資訊的高度交流，使整個世界發生了突飛猛進的變化。

這種人類的大量活動導致能源的轉換、減少，對自然生態環境造成可怕的負擔，並將超過地球自身的能量。因此，我們必須意識到目前各式各樣的地球潛在危機。

在21世紀的現在，是人們在全球範圍內力求解決地球的可持續發展問題以及追求與自然的和睦相處的時候，這也是全球範圍的首要課題。

2005年日本國際博覽會就是我們解決這一課題的契機。

透過2005年日本國際博覽會，我們能切身感受到大自然美妙的組合以及無窮的生命力，並深入了解世界各國在與大自然共存中積累的無窮智慧及相互的影響，並衷心希望共同創造多采多姿的文化和文明共存的新型地球社會。

2005年日本國際博覽會必將成為舉世矚目的光環，如同創造美好未來的大舞台。"愛・地球博覽會"以"自然的睿智"為主題貫穿整個大會，它是一個傳達並能實現地球的豐富大交流、展現各種文化的交融向心力的大舞台。

2005年日本國際博覽會將匯集來自各個國家、地區、企業、個體、非營利團體組織以及無償服務機構等共同維繫這一地球社會的人們，通過他們在大舞台豐富多彩的交流，必將創造一個更加美麗的未來世界。

當然，在進行多樣化交流中也將產生各種摩擦。正因為如此，我們更要注重對人類應有的理性、愛及美好事物的培養和呵護，使美好的友情充滿整個世界。

人類相互交流的原點是什麼？答案只有一個：那就是人與人之間的接觸、交流、理解、尊敬和愛護。

為此，"2005年日本國際博覽會"就是這種全世界智慧大交流的舞台。

2005年，人們將匯集在愛知縣。在這裡，我們將能共同為新型地球社會編織出美麗的未來。我們將共同注視、微笑交流，並深切感受和領略這豐富多彩交流的世界。

讓我們為"地球的全新生命和未來"盡心盡力吧。

由於我現在人在日本，我心想這是一個世界的博覽會，我又可以擴展自己的視野了，但是這同時我又必須要考慮到自己腳的情形，我只能做自己能力範圍內的事，因為我還年輕，我的人生還很漫長，身體的健康永遠要排在第一，因為惟有健康的身體才能有體力可以努力，少了健

康的身體就等於是句點了。身心障礙朋友們要更加照顧自己的身體，由於我們先天上就比較不足，所以要靠後天的努力。

愛知世界博覽會的代表玩偶。

（此圖資料來源為愛知博覽會網站：http://www.expo2005.or.jp/jp/index.html）

由於愛知世界博覽會是一個國際大型的活動，所以裡面的徵才等等都是半年前甚至一年前就開始了，所以我的起步是有點慢的，我只抓到兩個機會，一個是一般事務的工作機會，而這工作機會其實是第二次招募，可能是因為入取的有些人選擇了其它更安定的工作機會（此工作機會原則上都是半年左右），所以缺少十二個人。

第二個是翻譯接待人員，這個倒是頭一次的招募，一共有六百多個人前來報考，預計錄取100人。而我抱著一個機會也不能錯過的想法，即使兩個面試都失敗了，相對的我還是有得到經驗。

第一次一般事務人員的面試時，我也是盡了全力了，我儘量表現出穩健又不緊張的態度，但是由於我所會的，和一般事務實在是不太符合，所以我落榜了，當我拿到落榜的單子時，我內心的確是很失落。

　　再過幾天就是翻譯接待人員的面試了，其實我內心一直掙扎著要不要再去翻譯接待人員的面試，因為我真的很害怕又落榜。

　　我思考了幾天，到了最後那一天，我起了個大早，做了幾分鐘的體操，更換面試的套裝，抖起精神前去面試。進去面試之前，我再一次的提醒自己，只求努力，不求收穫，不要得失心太重。

　　當天前來面試的幾乎都是日本人，我遇到的只有我一個是外國人，忽然又覺得好孤單，但是再反一個角度去想，如果今天有很多外國人都前來面試，那大家的條件都是一樣的，會第三國語言，那我就沒有什麼特別的，我就沒有占優勢了，沒有站優勢我就可能會再落榜，總之沒有時間想太多了，努力就是了。

　　當天主考官共有七個人，他們採取的不是個別面試，而是團體面試，也就是把前來面試的人分組，一組四至五個人，我那一組共四個人，當我們四個人一同走進考場時，在我們面前坐了七個人，也就是七個主考官同時在評分，七個主考官當中有一個是英國人，所以面試的內容包括了英文的面試以及一些臨場的反應試題，當時我是非常的緊張，因為我的日文還不是很好，所以我要很專心的去聽每一個試題，只要稍微不注意，漏掉了就有落榜的危機，終於面試結束了，在等待放榜那幾天，我心情都特別的沈重，因為我好怕又失敗了，然而幾天後接到榜單，我上榜了。我真的很高興，我相信只要努力，一定有一條屬於自己的路。

法國自由行

　　2003年十二月，把背包綁在腳上坐著輪椅，一個人到法國去旅行，出發前，抱著有訂到飯店也好，沒有訂到飯店就住在機場的心態，拖延到最後一天，才想說要訂飯店，結果還沒有等到飯店的回覆，我就已經坐在飛機上了，由於我使用輪椅，所以下飛機時理當有航空公司人員來幫忙，沒錯是有人來幫忙，不過她的態度讓我無法相信，印象中歐洲是個先進的國家，所以在殘障福利以及對於身障朋友的尊重是理所當然的，但是事實卻不是如此，當輪椅要通過時，沒有半個人禮讓，相對的那眼神之可怕，但是我本身心臟就特別強，我才不怕呢，要看就看，誰怕誰。

我的朋友們，右是德國人、中是法國人、左是西班牙人。

　　從沒有到過法國的我，一個人，坐著輪椅，拿出手指法國一書，就是用指的，不用說話就行得通，買了一張往巴黎市中心的車票，也搞不清楚方向，抱著冒冒險的心態，結果要往月台的路上，只有樓梯沒有電梯，不得已之下，只好從輪椅上爬起來，拿出枴杖，一步一步慢慢的走，行李的重量讓我疲憊不堪，心想要找到地方寄放行李，我問啊問，在法國講英文是行不太通的，兩次我依照他們手指的方向走啊走，到最後不是賣吃的，就是廁所，根本就沒有置物櫃，我好想大罵自己被耍了，誰叫我不是法國人，語言又不通，忍了一口氣，繼續尋找置物櫃，誰知道，法國車站的置物櫃不是自己投錢就可以放進去，要進去之前，還要行李安全檢查，而檢查人員幾乎都是長得人高馬大，有的是白人，有的是黑人，但是，感覺都很像恐怖份子，我通過安全檢查後，終於將行李順利放入置物櫃。

　　接著我開始了自己的冒險之旅，依照地圖的指示，坐上電車，前往凱旋門的路，電車上黑種人、白種人、黃種人，各形各色的人都有，忽然間，有個黑皮膚的中年婦女朝我走過來，拿了一張紙給我，我心想是宣傳單，就接了過來，接下來她拿出銅板，我一時反應不過來，呆住了，她接著也自覺無趣的走了，過了一會，同車廂的人拿出銅板給那位婦女，我這時才恍然大悟，我猜她可能是向我要錢吧。

　　好不容易，終於抵達目的地，而此時天色已經漸漸暗了，我心想今晚到底要住哪兒好。

　　我的行李還寄放在機場附近，我得快快去取出，以免

柵欄關了，我就無法領取行李了，回到機場時，已經晚上九點左右了，天已經漸漸黑了，我在機場找了一個位子，準備今天晚上在機場渡一夜，坐了一個小時，一直都睡不著，此時兩旁的人越來越多，總覺得自己不太安全，一個小女孩，周邊都是人高馬大的歐洲、美洲人，那裡黑種族的人特別多，我要特別強調我不是歧視任何一個種族的人，而是對於人高馬大的人，我本來就會害怕，我越來越害怕，心想找個飯店住，法國戴高樂機場的旁邊就是五星級的飯店，進去時我詢問了單人房的價格，印象相當深刻的是，一張白白的紙上寫了三百三十歐元，折合台幣一萬多元，我心想，最壞的打算就是刷卡付錢，但是在那之前，我還是再想想辦法，看看能不能找到更便宜的飯店。

於是我一個人走到機場外面，期待著有新的契機出現，五星級飯店的接駁車一台一台的駛過，我知道那不是我消費的起的，所以就只能目送它們了，忽然間，一台自家小客車停了下來，他用法文問我，其實我聽不懂，我拿出紙筆來，他在紙上寫了100的數字，想一想，可能是訂房價，台幣約四千元，我二話不說的坐上他的自小客車，現在想起來還真的有點可怕，因為對方是一個高大的男生，而那台自小客車上只有我一個女生和那高大的男司機，我一句法文也不懂，我也不知道他要把我載到哪兒，就這樣我被載離開了機場，車子開了二十多分，等了又等，就是一直沒有抵達目的地，看看窗外，什麼也沒有，一片漆黑只有幾棵樹，心正想自己會不會被賣掉。終於抵達飯店了，本想那會是間小型的飯店，沒想到那是民宿，是那先

生的家。

當我向家人描述此過程時，我親愛的爸爸說，如果被賣了就當浪漫的法國人，反正妳本來就很不實際，當然那是玩笑話，如果我真的不見了，我的爸爸可能會到法國千里尋親，說不定爸爸也變成浪漫的法國人。

OK便利商店和小鋼珠店

　　前一陣子，因為要寄聖誕節的明信片，所以必須要買二十張五十元的郵票，當天先生正好有空，所以就由他開車載我到ok便利商店。

　　那時，我正睡醒，還睡眼惺忪的，我進去便利商店繞了一圈才想起自己進來超商的目的，於是我走到櫃台，請給我五十元郵票二十張，店員收了我一千元，我拿著郵票，就放進袋子，回到家拿出郵票，竟然是八十元郵票二十張（日本的五十元郵票和八十元郵票的顏色都一樣是綠色），這二十張價值一千六百元，換句話說，我賺了二百元左右的台幣，然而那不是我應該得到的，和先生商量後，我們花了半個小時的車程拿去更換，而以我們來回的油錢來想，我們好像吃了大虧般，而最原先錯也不在我，是店員沒有仔細看，但是後來我想想，自己也是個很糊塗的人，如果自己是那個店員，是不是要自己倒賠錢，那還不要緊，如果他因為小小的錯誤而丟了工作，那是多麼的可惜，他的工作也許要養家，那受害者將可能增加到四人，那是多麼可怕的，所以即使我自己的小小損失，我也決定將郵票送回去。

　　就在送回去的同時，接著我想要上洗手間，剛好旁邊有間小鋼珠店，先生和我一起進去小鋼珠店找洗手間，進去小鋼珠店讓我回想起童年時，我最喜歡拿著十元的硬幣

去玩電動玩具，而那不是單純的電玩，而是十元投進去，接著就押自己喜歡的牌，通常小荔枝是最容易中獎的，但是即使中了，也只有兩元，小時候我常常偷偷的去玩，因為我的父親禁止我玩，所以我就不能光明正大的玩。

說到父親禁止我玩賭博性電玩，其實父母親管教子女絕對是對的，因為他們愛自己的子女，但是有些時候若父母親管教的太嚴格，不但子女會反抗，相反的會失去效果。我現在比較長大了，回想起我的父母管教我的方式，以及比較我曾經認識的一個朋友，她母親管教女兒的方式，讓我不得不稱讚自己的父母。

先從我的朋友的母親說起，當時我們都已經二十歲了，她的母親為了防止她交男朋友，先從學業成績來判斷，也就是學業成績永遠要保持她原來有的水準，也就是九十分以上，然而她的母親忽略了一點，人生是無法平平順順的，也就是試題有時會有困難，有時會簡單，有時分數考低了一點，其實她的水準還是在的，只是那天的試題特別難，所以這樣的認定標準太硬了，而她的母親只以自己的方式來愛她的女兒，那的確是愛，因為她怕自己的女兒受到傷害，這位母親一路走來一直保護著自己的女兒，她不讓女兒有挫折，她不讓女兒看看這世界真實的一面，她以為女兒就會乖乖的信服她，因為她監視了女兒的一舉一動，所以這母親以為女兒就是她看到的樣子，其實她的女兒完全不是她看到的模樣，她的母親總是監視著她的行動，但是總是無法二十四小時時時刻刻都監視住她，而在她母親無法監視她的時候，就是她放輕鬆的時候，她喝

酒、她抽煙、她為所欲為。

　　這母親連我們年輕朋友們出門也都跟在她的後面，女兒想要買點流行的用品都不行，而這女兒其實內心對母親有相當的反感，她決定有一天要做到讓母親後悔不已的事，她甚至想要夜晚睡覺時把自己的母親消滅，女兒和我們的對話都是以消滅這個字眼，因為這女兒認為自己的母親是魔鬼。

　　而母女之間總是有親情在，我和這女兒只有聯絡到二十二歲，她並沒有消滅她的母親，但是這女兒在兩年期間當起了小偷，偷別人的東西，因為她想要，但是她無法買，並不是她家境不好，相反的她的家境很好，雖然這女兒沒有被抓到警察局，因為她偷的都是朋友的東西，朋友們也都站在可憐她的立場。我曾經看過她的母親一次，我知道她母親對她的用心，但是這用心好像方法錯了，所以相對的害了自己的孩子。

　　以我的父母來說，我也不能說自己的父母的教法才是正確的，但是當我想要跟著年輕人的流行時，他們總是不會表達任何的意見，曾經我理個小平頭，只有二公分到三公分的頭髮，我的父親只是笑一笑，反正頭髮會再長長，等她愛漂亮時，我就不相信她還會理個平頭，所以父母也沒有特別的管我。

　　又過了幾年，我的頭髮長長了，我就染了一個金髮回家，我父親本來要開口責備我，但是他又停住了，因為我父親知道這已經是一個事實，他更知道如果在此時責備我，我會更反抗，相對的我根本就不會聽他的話。

有時候，小孩子只是一時認為新鮮所以想要嚐試，等那念頭過去了，自己也就會覺得無趣。

常常我的朋友會問我，你的父母親怎麼都不太管教妳，讓妳為所欲為，其實我的父母不是不管我，我知道他們很愛我，只是他們使用的方式不同。而很多事情他們都以身作則，所以我就不會不服氣，漸漸的我的思想成熟後，我反而完全贊成我父母親曾經教導我的論點，只是在過去的那當時，我就是無法理解，時間可以改變一切，要一個十歲的小孩，懂四十歲中年人的想法是很困難的，而當這十歲小孩也長到四十歲時，我相信社會經驗已經教會他們了。

所以不要太過於保護小孩，不要讓小孩失去了跌倒的機會，因為惟有跌倒了才會知道痛，也才能學會知道怎麼爬起來。

我印象很深刻，而這也是影響我很深的一個做法，提供給大家參考，我的家人常常教導我很多的觀念，但是他們在最後都會加上一句：「這是個人的想法及經驗，妳不一定要依照我的說法去做，把我的說法當成參考，剩下的妳自己去思考，妳覺得我的做法比較好就依照我的做法來進行，妳覺得自己的想法才是對的，就依照自己的做法去做，妳自己決定吧！」

而通常聽完這一段話我就會覺得輕鬆多了，因為我可以依照自己的想法去做，其實一路走來，有一半的事我都依照自己的想法去做，而我的家人都不會指責我，所以我很感謝他們，因為少了責備，多了愛給了我很多的助力往

前衝。

　　講到這兒讓我想起，半年前，在飛機上遇到一個大約五十多歲的英國人，他和我分享了一段有趣的真實故事，他說幾年前他的女兒帶一個男朋友回家，他第一眼看到那男生就認為這不是一個可以託付終身的選擇，但是同時他又考慮到如果他很激烈的反對，相信最後毫無疑問的女兒會嫁給這傢伙，所以當天他對這男生的態度也相當好，其實他心中非常的不高興，當這男生回家時，他還跟女兒說，很不錯的傢伙，這位爸爸說，他已經預測到兩人不久後就會分手，他說了一個也算是理論，也不是理論的講法，他說人就是這樣，當家長越是反對，越是得不到手的，就會越想要得到手。而這位爸爸的預測真的後來就實現了，是這位爸爸有遠見，還是這位爸爸想要賭一賭，我們就不得而知了。

　　回到小鋼珠店借用洗手間的話題，小鋼珠店內的人真的好多，少則有一百人，多則有一百多人吧，我沒有特別去數，所以不知道，裡面有男有女，有年輕的女生，也有中年的女生，當然年輕的男生和中年的男生占更多數，約是百分之七十五左右。

　　雖然我的父母一直教我，天下沒有不勞而獲的，不要貪心，但是那當時的我並不知道小鋼珠是什麼，但是我知道它屬於賭博性電玩，也就是我父母一直禁止我去觸碰的娛樂，但是我就是很好奇，為什麼大家都對小鋼珠那麼有興趣，於是在取得先生的同意後，我買了二千元的卡，約台幣六百多元，而只有約五分鐘的時間，所有的銀色珠子

都用光了，當然二千元也飛了，由於我根本不知道玩法，我就問先生：「已經結束了嗎？我什麼都沒有得到嗎？」

這時，我才深深的體會到，父母常對我說的那句話，天下的確沒有不勞而獲的，也許有時候一瞬間會有天外飛來一筆，舉個例買樂透中了大獎，但是其實飛來的那筆錢很快就會用光，因為它不是血汗錢，它得來的太容易了，所以不會特別想要去珍惜。

又我常常在想，一個人的成功絕對不是從財富來看，財富只是要讓我們生活安定不會恐慌，而當我們的生活都安定下來的同時，能為人類做小小的奉獻才算得上是有意義的人生。

日幣1000元的快速理髮店

　　2003年的二月開始，我在日本東京的原宿找到一位知道我髮型的弱點又能針對我的髮質設計出適合我的髮型的設計師，趕流行的年輕人大多聚集在原宿，照理說年輕人還不太會賺錢，所以原宿的商店應該是要平價些才對的，但是事實好像並非如此，當然百元商店是一百零五元（加稅金），而百元迴轉壽司加上稅金也是一百零五元，而剩下的其它的商店都只有貴一個字可以形容。但是我好像遇到知道我髮質弱點的知音，而他又總是有辦法讓它稍微的改善，所以我就只好不惜犧牲其他購物的慾望。

　　從小我就討厭我的頭髮，我自己認為自己的臉很可愛，可是原則上是不可以看到頭髮，朋友們總是說我頭上好像一團雜草，其實我也有我的苦衷的，我並不是沒有整理它，相對的我花更多的時間在整理它，每天早上我總是花了約三十分鐘左右時間在處理頭髮，先吹直，再抹髮膠，再吹一次讓它定型，而我本身的頭髮是自然捲，所以有時候一到學校，流個汗它又捲起來了，真的是把我氣死了。

　　而在原宿我遇到的這個髮型設計師，他總是先把我的頭髮打薄，聽起來好像很簡單，但是其實很費時間及工夫的，接下來我就完全交給他了，他就一刀一刀的仔細的打造出適合我的髮型。

　　有一次，我帶著要去美髮的錢，前往原宿，在路上我發現好吃的壽司，我本身就是美食主義者，我哥哥常常說他的價值觀和我不同，也就是我願意花幾千元日幣來吃一頓美食，而哥哥卻寧可把那幾千元拿來買衣服，因為哥哥認為食物吃下去，隔天又從肚子跑出來了，多麼沒有意義，哥哥認為衣服可以一而再再而三的穿在身上，穿著自己喜歡的衣服心情又會很愉快。

　　而我倒是相反，我認為在吃那一頓美食的同時，那愉快的心情是金錢無法換取的，而衣服本身的意義在於保暖而已，所以只以簡單為原則，當然這是我目前的能力只能二選一，所以我選擇了美食，若有一天我的能力可以兩者兼顧時，我當然是會在選擇美食的同時，又選擇自己喜歡的衣服。

　　接著剛剛的話題，我在前往原宿的路上，被一家壽司店迷惑了，我忘了那天的行程是要去美容室剪頭髮，我跟著一群人在壽司店外面排隊排了約二十分鐘，終於輪到我進去了，我是以單點的方式，只選擇自己喜歡吃的類別，我點了甘蝦子、干貝、黑鮪魚……等等，付錢時我才發現自己犯了大錯了，我只剩下晚餐錢及坐電車回家的錢而已。

　　而我今天的真正目的是要將已經長長的頭髮修一下，等會回到家先生一定會問我怎麼了，即使我誠實的承認自己因為愛吃而花光剪頭髮的錢，先生也不會責備我，因為他本來就很清楚我的個性，他知道我可以為了吃，什麼都不要買。但是我自己就是拉不下這個臉去告訴他，我把剪

頭髮的錢吃掉了，於是我就自作主張，在日本除了有很貴
的美容室之外，還有很便宜的美容室。

　　讓我來介紹一下便宜美容室的起源。每個人在學習一
件事的過程，絕對都不是一步登天，也就是即使今天我們
看到某某企業家的成功，他們都是經過多年來的努力，累
積下來的經驗才有我們看到他們的今天。

　　而也就是每個人都是從生疏的學習開始，進而慢慢熟
能生巧的，而便宜美容室的起源就是給那些剛學會剪頭髮
的學徒練習的機會，所以只要花日幣一千元就可以進去剪
頭髮，但是相對的只有花日幣一千元，所以不可能剪到自
己滿意的髮型，而每個客戶原則上只能有十分鐘的時間，
換句話來說，學徒必須要在十分鐘之內幫您把頭髮剪好。

　　而我因為只剩下千元日幣，所以這天我就想說，來試
試看千元日幣師傅的剪髮工夫，其實我剪到一半時已經相
當的後悔，因為根本沒有型，一個二十出頭的女生，轉眼

失敗的髮型。

間變成像四十歲的女人，我想要逃走，但是我此時的頭髮是一邊長一邊短，我想我已經無路可逃了，剪完後果然不出我所料，有點糟糕，其實並不是那師傅的技術不好，而是因為我的髮質有點特殊，所以要用特殊的方法來處理。

而當天和我一起到千元美容室的還有一個小學的小男孩，小男孩說他是剪平頭，所以根本不需要什麼特殊的設計，千元美容室就已經綽綽有餘了。

這是我的千元快速理髮的經驗，我有照片和大家分享喔！

野外體驗

2004年的八月，和一群朋友們一同去山上舉辦結婚party，本次的party有點像是野外求生的感覺，不要說商店，就連睡的地方都沒有。

下午一點半左右抵達大家約好的目的地，大家先勘查了一下地形，接著拿起露營的用具，先簡單的搭了一個可以遮風避雨的地方，拿出準備好的木炭，接著我們就先開始起火。

忽然間，我想起了民生必須場所—廁所，竟然沒有廁所，我開始向朋友們求救，接著朋友們就說：「就地解決」，當天除了我以外，大家都是男生，要我一個女生就地解決，好像說不太過去。

接著大家就開始幫我蓋廁所，拿出幾個紙板，圍成一個正方形，接著就是內部工程了，大家開始往下挖洞，這個洞大約有五十公分深，花了大家約半個小時的時間，接著大家就拿出預先準備好的薄紙板，大家交代我，每上一次洗手間就蓋一次薄紙板，而次數還有限制，因為全部的薄紙板只有五張，也就是要節約資源。

大家開始說起童年的往事，當天只有我和另一個二十一歲的大學男生，其他的人都是四十出頭，五十出頭的，所以大家的童年和我們倆個實在是差很多。

他們說起童年時的廁所就像我這一刻使用的廁所般，

根本就沒有什麼沖水馬桶，而我和那大學男生無法去想像大家那個年代的生活。

而我的特製廁所只有專屬我一個人，雖然那些都是自己的排泄物，但是還是覺得很噁心，還好我生在這個有沖水馬桶的年代。

日本的電動馬桶，不但會自動沖水，還會幫忙我們洗屁股，有些有趣，但是我還是比較習慣自己來。

解決完我的問題，大家也餓了，拿出準備好的食物，我們開始吃了起來，忽然間，我在廁所的門外（紙板外）發現蛇的殼，不知道我的常識對還是不對，那個殼是蛇為了要長大，要換新衣而脫下的，雖然我沒有當場看到蛇，但是有看到蛇的殼就是代表這附近有蛇。天啊，好可怕的野外體驗，我一整天都膽戰心驚的，深怕蛇會出沒，慢慢的我發現不只有我的門外有蛇的殼，只要仔細開大眼睛去找，幾乎沿路都有已經乾掉的蛇殼。

天色漸漸的黑了，我們好似被昆蟲圍繞著，如同蟲蟲危機，拿出預先準備的小燈，由於我是女生當中年紀最小的，當天又只有我一個女生，所以我真的是得天獨厚，大家把帶來的小燈全部都放在我身旁，以防止蟲蟲接近我。

接著一群大男生說要去方便一下，那個小男生也忽然消失了，原來大家是故意要捉弄我的，我大聲的喊，只聽得到自己聲音的回音，我一步也不敢向前走，因為我怕遇到真的蛇，不要說蛇，連看到蟑螂我都會拔腿就跑的，我覺得自己一點都不適合生活在大自然中，我想自己還是適合大都市的生活。

　　講起生活在大自然，讓我想起十年前，我十四歲時到加拿大姑姑家住了一陣子，印象中姑姑家附近有海還有森林，每每我看到那一棵又一棵的大樹（每棵都像台灣阿里山的神木），我總是覺得好可怕，我也不知道自己為什麼會那麼怕大樹，小棵的樹我就不會覺得有恐懼感，也許是我成長的環境少了大樹的陪伴。

　　那群大男生消失了約十分鐘，而我也留在原地等了十分鐘，那十分鐘是我人生最漫長的十分鐘，接下來他們出現了，他們拿出手帕把我的眼睛蓋起來，其實天那麼黑，又沒有路燈，不用蓋起來我也看不到前面的路。他們說要給我個驚喜。

　　跟著他們一同走山路約五分鐘，一路上他們扮鬼的聲音來嚇我，到達目的地後，看到他們在地上點了幾根蠟燭，用那幾根蠟燭大家玩起了煙火，大家要我別生氣，我是不會生氣，可是我嚇到眼前的美景再怎麼美都感覺不出來了。

　　雖然是八月，然而在山上，又是夜晚，氣溫也只有約八度，為了保暖大家喝起了酒，大家漸漸的醉了，大家開始互相讚美了起來，而大家讚美的對象幾乎都是我，不知是酒讓我的臉紅了，或是大家的讚美讓我害羞的臉紅了。

　　大家聊啊聊的就睡著了，只有我一個人，深怕蟲蟲們來進攻我，所以一夜都沒有閉眼睛，看著大家的睡像，忽然覺得好有趣。

　　支撐了一個夜晚，終於天有些亮了，大家醒了以後，我也不知不覺的睡著了，先生在我睡夢中把我抱到車子

上，其實我是半睡半醒，到了車上感覺上安全多了，蛇應該不致於跑得進來，蟲蟲們也無法進攻我了，總算可以好好的睡一覺。

照的不是很漂亮，但是實景看起來真的很漂亮。

難忘的迪斯奈樂園之旅

　　十月十六日是先生的生日，早在一個月前就計劃好要前去迪斯奈樂園慶祝，雖然已經到過迪斯奈樂園好多次了，但是心中還是很期待。也許是前幾天太忙碌了，先生生日當天，一早頭疼到完全爬不起來，我心想我的內耳神經不平衡的毛病又犯了，而早不早，晚不晚就是在我期待已久的這一天，內耳神經不平衡又來和我作對了。

　　我先生看了醫學百科後，說要躺著休息才會好，他一而再再而三的和我確認，他問我，是不是要休息一下，再出發，還是要取消行程。

　　迪斯奈樂園的那一頭，有個朋友在等我們，而我這一頭卻是爬不起來，但是我內心是多麼的想要出去透透氣，先生也知道我的個性，所以一而再再而三的和我確認，但是，我卻口是心非的回答說：「將行程取消吧。」而這一句話一說完的同時，我後悔了。但是先生已經告訴婆婆，而也在同時答應婆婆要幫她種樹了，而這樣一來，我的迪斯奈之旅就真的要取消了。

　　躺在床上半個小時後，我很勉強的爬了起來，搖搖晃晃的來到一樓，我告訴先生說：「我還是想要去」，而先生只回答說：「再等半個小時，將剪下來的樹枝整理好就出發」，接著先生要我先去換衣服，其實先生對我很順從，所以我忽然心中很有罪惡感，我們終於出發了，要前

往迪斯奈樂園了，坐在車上的我，其實頭還是很暈，但是為了不挨罵，我都忍了下來，因為我知道，若我現在喊頭暈，我只會受到更嚴厲的責備，算好了一個半小時會到達目地的，因為身體不舒服，所以多喝了一些茶水，我把一切的事情都想得太單純了，沒有錯這趟路是一個半小時，但是萬一塞車，可能就要二個小時或是三個小時，今天真的是太幸運了，好事都沒有在我身上，而一次又一次痛苦的折磨都在我身上，路途的一半，我忽然想要上洗手間，而短短的十五公里，我們竟然塞了一個小時，頭痛加上尿急，我已經分不清到底是頭是腳，總之只有痛苦二個字可以形容。

和朋友及先生到迪斯奈樂園記。

在這同時，先生口中傳來一句話，若在家裡休息就不會這樣了，而這是事實，所以我不敢頂嘴，而且即使頂嘴了，我也理不直氣不壯，怎麼說自己都是輸的，所以，我就認了。

終於到了迪斯奈，我一直想要買肉乾（迪斯奈樂園限定品），十月十六日，不知道是什麼日子，我估計至少有十萬人進入迪斯奈樂園，因為人山人海，連動也動不了，想要玩一個遊樂設施最少要等二個小時以上，而最長要等八個小時，在排隊的同時，先生說要去買個東西，馬上回來，回來時，他帶來四盒我最愛的肉乾，說是給我的禮物，雖然得到自己最愛的禮物很高興，但是這只會讓我更增加罪惡感。

而這一次迪斯奈之旅的經驗真的很特別，因為身體不舒服的關係，整天都是頭昏腦脹，分不清是遊樂設施帶來的樂趣，或是頭昏帶來的樂趣，不管有沒有坐在遊樂設施上，我的身體因為頭暈的關係，從頭到尾都是在旋轉的。

為這個社會、世界、地球，我到底留下什麼

　　如果有一天我走了，為這個社會、世界、地球我到底留下什麼？或者就這樣默默的消失了？

　　在世時，受到世俗觀念的影響，也許一生都忙忙碌碌的追求著名和利。然而也有不少人一生都渾渾噩噩，享受著地球上的資源，卻從沒有想過多少要為這個地球付出。

　　活了二十四年，一半以上的時間花在教育學習上，漸漸大了，朋友多了，和朋友相處的時間也變多了。幼小時，父母親為了生計而奔波，終於子女長大了，他們有機會喘息時，子女個個也都為自己的前途而奔波中。有誰靜靜的坐下來，自己思考過人生的意義？

我回母校文藻演講。

　　人生無常，白髮人送黑髮人不是沒有，如果有一天，我比父母親更早走，我想要告訴他們，生命的意義不在長短，而在質量，而人和人之間因為緣份而相處，也因緣滅而分離，所以我要他們不要太難過，因為我知道他們很愛我，我最怕的是他們傷心難過了。我生下來即患先天性髖關節脫臼，小時候不懂事時，朋友嘲笑我時、腳疼時，我就會毫不保留的責備父母親，問他們把我生下來做什麼？時光無法倒流，這是一個既成的事實，我想他們也為我身體的小小缺陷自責了一輩子，我想要告訴他們放寬心，我很情願的去承受這小小的缺陷，而我心中早就沒有一點的怨言，因為我已經學會接受了。然而我好想要糾正某些人的某些觀念，曾經有人說，我的腳會有小小的缺陷是因為我上輩子做了壞事，姑且不論是不是有前世及今生，但是我只希望可以保握當下、保握現在，想要提醒人們在說話時要為自己所說的話負責，因為一言既出、駟馬難追，然而此一言可能影響對方一生，所以說話要注意。

　　感謝奶奶生下我的父親，雖然奶奶已不再以實體存在這個我看得到的空間。感謝外婆生下我的母親，您一生的辛勞，您的子女都長大了，趕快保握自己所剩的日子，享受屬於自己的人生。

　　告訴這個地球上的每個人：「保握時間，做您覺得值得的事，即使這之間會有小小的風險，會有大大的挫折，甚至會有生命的安危，都去試試。」。

　　告訴身心障礙朋友們：「我本身也有輕度的肢體障礙，但是我憑著對自己的責任心，以及不放棄的毅力，達

成自己的小小夢想，我會繼續努力下去，也會繼續寫書和大家分享我的人生經驗。」。

給地球上的動物、植物們：「我知道大家都是有生命的，這世界因為有你們而變得更有生命力及色彩，雖然你們大多是默默的為人類們付出，但是我們也都心存感激的心喔！」

最後要謝謝親愛的婆婆生下我的先生，教育我的先生，因為有婆婆我才能享受這段困難重重卻又幸福的婚姻生活。

大家想想，為這個地球、社會、世界，我到底可以留下什麼？

回顧

攝於日本琵琶湖。

和德國朋友合影。

攝於文藻外語學院。

攝於聯經出版社。

攝於日本平塚。

攝於日本大阪。

攝於日本愛心輪基金會。

赴日參加研修時的開幕典禮。

開幕典禮時簡短的演講。

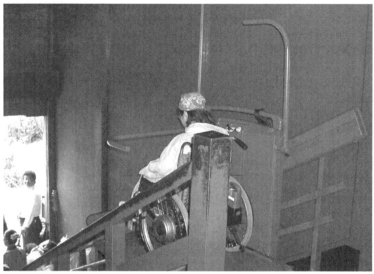

沖繩無障礙之旅。

國家圖書館出版品預行編目

輪椅異國婚姻之心路歷程　／　吳真儀著. -- 一版.
　　臺北市：秀威資訊科技，　2005 [民 94]
　　面；　　公分. --　參考書目：面
　　ISBN 978-986-7263-09-4（平裝）
　　1.吳真儀 － 傳記
　　2.殘障者 － 臺灣 － 傳記

782.886　　　　　　　　　　　　94002663

 語言文學類　PG0043

輪椅異國婚姻之心路歷程

作　　者 / 吳真儀
發 行 人 / 宋政坤
執行編輯 / 李坤城
圖文排版 / 莊芯媚
封面設計 / 羅季芬
數位轉譯 / 徐真玉　沈裕閔
圖書銷售 / 林怡君
網路服務 / 徐國晉
出版印製 / 秀威資訊科技股份有限公司
　　　　　台北市內湖區瑞光路 583 巷 25 號 1 樓
　　　　　電話：02-2657-9211　　　傳真：02-2657-9106
　　　　　E-mail：service@showwe.com.tw
經 銷 商 / 紅螞蟻圖書有限公司
　　　　　台北市內湖區舊宗路二段 121 巷 28、32 號 4 樓
　　　　　電話：02-2795-3656　　　傳真：02-2795-4100
　　　　　http://www.e-redant.com

2006 年 7 月 BOD 再刷
定價：180 元

讀　者　回　函　卡

感謝您購買本書，為提升服務品質，煩請填寫以下問卷，收到您的寶貴意見後，我們會仔細收藏記錄並回贈紀念品，謝謝！

1. 您購買的書名：＿＿＿＿＿＿＿＿＿＿＿＿＿＿＿＿＿＿

2. 您從何得知本書的消息？

　　□網路書店　　□部落格　　□資料庫搜尋　　□書訊　　□電子報　　□書店

　　□平面媒體　　□ 朋友推薦　　□網站推薦　□其他＿＿＿＿＿＿

3. 您對本書的評價：(請填代號　1.非常滿意 2.滿意 3.尚可 4.再改進)

　　封面設計＿＿＿　　版面編排＿＿＿　　內容＿＿＿　　文/譯筆＿＿＿　　價格＿＿＿

4. 讀完書後您覺得：

　　□很有收獲　　□有收獲　　□收獲不多　　□沒收獲

5. 您會推薦本書給朋友嗎？

　　□會　　□不會，為什麼？＿＿＿＿＿＿＿＿＿＿＿＿＿＿＿＿＿＿

6. 其他寶貴的意見：＿＿＿＿＿＿＿＿＿＿＿＿＿＿＿＿＿＿＿＿＿

＿＿＿＿＿＿＿＿＿＿＿＿＿＿＿＿＿＿＿＿＿＿＿＿＿＿＿＿＿＿＿

＿＿＿＿＿＿＿＿＿＿＿＿＿＿＿＿＿＿＿＿＿＿＿＿＿＿＿＿＿＿＿

＿＿＿＿＿＿＿＿＿＿＿＿＿＿＿＿＿＿＿＿＿＿＿＿＿＿＿＿＿＿＿

讀者基本資料

姓名：＿＿＿＿＿＿＿＿＿＿　年齡：＿＿＿＿　性別：□女 □男

聯絡電話：＿＿＿＿＿＿＿＿＿　E-mail：＿＿＿＿＿＿＿＿＿＿＿

地址：＿＿＿＿＿＿＿＿＿＿＿＿＿＿＿＿＿＿＿＿＿＿＿＿＿

學歷：□高中(含)以下　　□高中　　□專科學校　　□大學

　　　□研究所(含)以上 □其他＿＿＿＿＿＿＿＿

職業：□製造業 □金融業 □資訊業 □軍警 □傳播業 □自由業

　　　□服務業 □公務員 □教職　□學生 □其他＿＿＿＿＿＿

To：114

台北市內湖區瑞光路 583 巷 25 號 1 樓

秀威資訊科技股份有限公司　　　收

寄件人姓名：

寄件人地址：□□□

(請沿線對摺寄回,謝謝!)

秀威與 BOD

BOD（Books On Demand）是數位出版的大趨勢，秀威資訊率先運用 POD 數位印刷設備來生產書籍，並提供作者全程數位出版服務，致使書籍產銷零庫存，知識傳承不絕版，目前已開闢以下書系：

一、BOD 學術著作—專業論述的閱讀延伸
二、BOD 個人著作—分享生命的心路歷程
三、BOD 旅遊著作—個人深度旅遊文學創作
四、BOD 大陸學者—大陸專業學者學術出版
五、POD 獨家經銷—數位產製的代發行書籍

BOD 秀威網路書店：www.showwe.com.tw
政府出版品網路書店：www.govbooks.com.tw

永不絕版的故事・自己寫・永不休止的音符・自己唱